Helmut Schrey

Hinter dem Tunnel

Edition des Kandidaten Jobs
Satirische Spiegelungen

Helmut Schrey

Hinter dem Tunnel
Reisebericht aus Utopien

Erzählung

Gilles & Francke Verlag

Umschlagsvignette von Friedrich Haarhaus

geschrieben: 2007

Copyright © 2008 by Gilles & Francke Verlag, Duisburg
Alle Rechte vorbehalten

ISBN 978-3-925348-77-8

Bibliografische Information der Deutschen Nationalbibliothek:
Die Deutsche Nationalbibliothek verzeichnet diese Publikation in der Deutschen Nationalbibliografie; detaillierte bibliografische Daten sind im Internet über http://www.ddb.de abrufbar.

„Nein, nein, ich würde nicht so weit gehen zu behaupten, dass Sie sich rundherum irren. Das widerspräche meiner Vorsicht. Ist man sich doch nie ganz sicher…" Es folgte, über den massiven Schreibtisch hinweg, ein etwa minutenlanges Schweigen.

„Wäre ich meiner Sache sicherer als ich bin, hätte ich Sie nicht um Rat gebeten. Ich habe immerhin eine zweistündige Reise hinter mir, um zu Ihnen zu kommen. Schließlich hat man Sie mir dringend empfohlen", kam endlich so etwas wie eine Antwort.

„Verständlicherweise hat man das", tönte es zurück. „Oder doch eher wunderlicherweise. Gibt es doch auch in dieser Beziehung verschiedene Auffassungen, Vorlieben, Bedenken, Ausweitungen, Einschränkungen und was auch immer. So sind eben die Menschen, beziehungsweise so scheinen sie zu sein."

„Was Sie nicht sagen. Aber ich stimme Ihnen zu. Im Grundsatz wenigstens. Aber was sind schon Grundsätze?"

„Eben, was sind schon Grundsätze? Immerhin hoffe ich, Ihnen geholfen zu haben."

„Wie bitte?"

„Ich hoffe, dass es mir, so oder so, gelungen ist, Ihr Problem zu lösen."

„Mein was?"

„Es schien Sie doch eben noch sehr zu bedrücken, Ihr Problem. Oder irre ich mich da?"

„Wir Menschen irren alle, gelegentlich jedenfalls", war die Antwort. Worauf nun schon zum zweiten Mal eine Pause von etwa einer Minute eintrat.

„Sie haben Recht", kam es endlich wieder hinter dem Schreibtisch hervor, „bin ich doch zu weit gegangen. Eigentlich hätte ich lediglich meiner Hoffnung Ausdruck geben sollen, dass es mir vielleicht eben doch, trotz aller allgemeinmenschlichen Begrenzungen, an denen ich selbstverständlich teilhabe, gelungen ist, wenigstens einen kleinen Teil Ihres Problems um einige Grade leichter zu machen."

„Welchen Problems und um welche Grade?" war die erstaunte Frage.

„Müssten Sie das nicht eigentlich selber am besten wissen? Weshalb fragen Sie mich dann?"

„Man hat Sie mir als Ratgeber empfohlen, dringend sogar."

„Wofür ich volles Verständnis habe. Das habe ich Ihnen vermutlich bereits gesagt."

„Schließlich sind Sie eine Kapazität…"

„Sie selber etwa nicht?"

„Ersparen Sie mir bitte die Antwort. Der Mensch soll bescheiden sein. Was mich betrifft, so habe ich seltsamerweise das Gefühl, dass ich von Tag zu Tag bescheidener werde. Jeder einzelne Ehrendoktortitel…"

„Ich verstehe, ich verstehe, habe ich doch ähnliche Beobachtungen an mir gemacht. Wenn es sich auch bei mir nicht um Ehrendoktorate handelt, sondern eher um - sagen wir mal - erfreulich hohe, nein eigentlich unerwartet hohe Honorareinnahmen. Was mich zu der vermutlich abschließenden Frage bringt, mein Herr, ‚Wie gedenken Sie zu zahlen?' Meine Sekretärin wird Ihnen gern die Rechnung aushändigen. Ziehen Sie Zahlung mit Kreditkarte vor oder überweisen Sie mir später den Betrag auf mein Konto? Leider kann ich Ihnen kein Skonto einräumen."

„Das hatte ich auch nicht erwartet, ist es mir doch noch nie im Leben begegnet, dass man auf Beratungskosten ein Skonto gewährt", war die Antwort. Aber hatte der Ratsuchende überhaupt etwas erwartet? Wenn ja, was? Wir wissen es nicht. Was wir wissen, ist lediglich dies. Professor Hacklohs letzte Worte waren:

„Ich werde jetzt wohl auf Reisen gehen…"

„Wohin?"

„Vermutlich ziellos, sozusagen Ins Blaue."

„Möge es sich nicht letztlich um eine Fahrt ins Graue handeln", war die Antwort. Damit aber war vorläufig endgültig Schluss.

Professor Hackloh machte sich auf den Weg zum Bahnhof. Sein Auto hatte er nämlich schon längst abgegeben. Seine Kinder, vor allem aber auch seine Frau, als sie noch lebte, hatten darauf gedrängt, dass er endlich einsehen müsse, zu alt zum Autofahren zu sein. Nun ja, wie er es sah, wurde er nun von Tag zu Tag jünger. Mochte es sich da auch nur um kleine Einzelschritte handeln. Unübersehbar war der Verjüngungsprozess, wenn man ihn an den diversen Ehrendoktorhüten maß, die ihn seit nunmehr, sagen wir einmal, zehn Jahren heimsuchten. Woraus sich unschwer ersehen lässt, dass Professor Hackloh nicht irgendwer war, sondern eine Kapazität. Auf welchem Gebiet auch immer. Allerdings hätte er selber das exakte Gebiet im Augenblick nicht angeben können. Vielleicht würde es ihm morgen oder übermorgen wieder einfallen. Hoffen wir es. Doch der Mensch hofft häufig vergebens. Dieser Bemerkung würde der Professor mit einiger Sicherheit sogar zustimmen, jedenfalls in der geistigen und gemütlichen Verfassung, in der er sich im Augenblick befand.

Immerhin sollte sich zeigen, dass er noch in der Lage war, seine Rückfahrkarte aus der Brieftasche zu fingern. So konnte er sich einigermaßen zuverlässig dessen versichern, dass er in jenen Ort zurückzufahren beabsichtigte, aus dem er vor einigen Stunden aufgebrochen war. Wozu eigentlich aufgebrochen? Um sich einer Last zu entledigen. Welcher Last? Sollte es da tatsächlich eine Last gegeben haben, so war sie ihm, im Augenblick wenigstens, entfallen. Sie war weg. Was will der Mensch mehr?

Wenn sich der Professor nicht in nämlichem Augenblick an die saftige Rechnung erinnert hätte, die ihm von der Sekretärin der Kapazität, die er eben noch unbegreiflicherweise konsultiert hatte, zugesteckt worden war. Dabei hatte man ihm noch nicht einmal ein Skonto gewährt. Hätte die eben noch konsultierte Kapazität (welcher Fachrichtung auch immer) nicht eigentlich allen Anlass gehabt, darauf stolz zu sein, von einer anderen Kapazität, nämlich dem Professor Hackloh (welcher Fachrichtung eigentlich?), konsultiert worden zu sein? Kann man in derart außerordentlichen Fällen nicht auf ein Honorar verzichten, zumindest aber ein Skonto einräumen? Vermutlich wird der Professor das oder zumindest Ähnliches gedacht haben, als er auf dem Weg zum Bahnhof war.

Absolut sicher kann man sich dessen aber nicht sein. Ist es einem Menschen, vor allem aber einem Professor mit zahlreichen Ehrendoktorhüten überhaupt möglich, irgendeiner Sache absolut sicher zu sein? Früher, vor Jahren noch, bevor ihm die bedrohlichen Erkenntnisse, die ihn nun in loser Folge heimsuchten, zugestoßen waren, hätte er eben diese Frage entschlossen verneint. Kann sich jemand, der sie nicht zu verneinen imstande ist, überhaupt einen Wissenschaftler nennen (welcher akademischen Disziplin auch immer)? Nein, ganz entschlossen und ohne jede Einschränkung: Nein! Er kann es nicht.

Jetzt aber, und zwar nicht nur auf dem Weg zum Bahnhof, war es anders. Hackloh begann an seiner Fähigkeit zum Nein zu zweifeln. Wenn das nicht ein böses Zeichen war. Zugegeben, er war ein alter Mann, ein Mann, der seit einiger Zeit am Stock ging. Das aber schien eher eine der vielen Äußerlichkeiten zu sein, mit denen der Mensch sich herumzuschlagen hat. War es doch so, dass der Professor seit Jahren der unangenehmen (der eher angenehmen?) Feststellung nicht ausweichen konnte, dass er allmählich jünger und jünger wurde. Ob es lediglich das professorale Gehirn war, das sich hier verjüngte? Welche Kapazität aber wäre für die Beantwortung dieser allzu konkreten Frage zuständig gewesen? Zumal sich Hackloh vor allzu konkreten Fragen normalerweise in Acht nahm (woraus sich vielleicht sogar die akademische Disziplin, der er oblag, beziehungsweise einmal obgelegen hatte, erraten lässt, wie ungenau auch immer). Wie hoch aber würde in diesem Fall die Rechnung ausfallen? Ohne Skonto natürlich.

Seltsam, nein eigentlich schamloserweise, unzüchtigerweise: Alles in diesem neumodischen Leben schien mit Geld und Geldwerten zu tun zu haben, also mit Dingen, um die sich der Professor bisher im Grunde nie gekümmert hatte, jedenfalls nicht eingehend gekümmert. Er konnte sich auch nicht erinnern, dass man in seinem halbwegs betuchten Elternhaus je über Geld und Gut gesprochen hätte. Man hielt andere Werte für wichtig, Werte, die man, vielleicht unvorsichtigerweise, „geistige" nannte. Ob die etwas zu tun hatten mit jenen seit geraumer Zeit auf ihn herabregnenden Ehrendoktorhüten, die ihn ganz offensichtlich von Mal zu Mal verjüngten, also – unzurechnungsfähiger machten? Welche Kapazität, welcher Fachrichtung auch immer, wird diese Frage beantworten können? Wie hoch wird deren Rechnung dann ausfallen? Endlich hatte Professor Hackloh den Bahnhof erreicht. Er hatte sogar Glück, erwischte er doch ohne weitere Schwierigkeiten den für ihn zuständigen Bahnsteig und den für ihn zuständigen Zug. Der würde ihn wohl sicher nach Hause bringen. Gedankenschwer? Gedankenleer? Wer will das zu beantworten versuchen, zumindest dann, wenn es sich auf den Professor, nicht aber auf den von ihm benutzten Zug bezieht?

Sicher und unbeschädigt, wenngleich mit der von der Bahn mittlerweile gewohnten Verspätung zu Hause angekommen, legte Professor Hackloh sich sofort zum Schlafen nieder, wenngleich er wissen musste, dass ihm bestenfalls ein überaus unsicherer Schlaf, mit deftigen Albträumen garniert, bevorstand. Dabei hatte er vor einigen Jahren noch ruhig, vor allem mit ruhigem Gewissen und ohne jegliche Albträume schlafen können. Häufig genug waren ihm im Schlaf die besten Gedanken gekommen, jene Gedanken, die mit der gehörigen Verspätung dann zu jenen Ehrendoktorhüten führen sollten, die ihn letztlich, sozusagen stufenweise, ehrendoktorhutweise, immer jünger und – schlafstörungsanfälliger werden ließen. Mit welchen Träumen würde er sich in dieser Nacht wohl herumzuschlagen haben? Während er sich das fragte, fiel ihm höchst überflüssigerweise ein, dass er sein Abendessen vergessen hatte. Seit dem frühen Vormittag, als er zu seiner Fahrt in die Großstadt und zu der zu befragenden Kapazität aufbrach, hatte er keinen Bissen zu sich genommen. Sein Magen knurrte denn auch vernehmlich. Ob er es selber aber auch vernahm? Wir wissen es nicht, brauchen es auch nicht unbedingt zu wissen.

‚Getrunken habe ich aber auch nichts, auf jeden Fall keinen Tropfen Alkohol. In sozusagen heiliger Nüchternheit werde ich diese Nacht wohl einigermaßen heil überstehen können', sagte er sich. Er sagte es schweigend. Denn wer hätte ihm schon zuhören können? Seine Frau war vor zweieinhalb Jahren gestorben. Die erwachsenen Kinder waren schon seit längerer Zeit aus dem Haus. Man konnte schon dankbar und froh sein, wenn sie sich wenigstens gelegentlich einmal telefonisch oder über das Internet bei ihm meldeten. In der Regel taten sie noch nicht einmal das, was aber auch gewisse Vorteile hatte. So mancher Ärger blieb dem Professor auf diese Weise erspart.

Mit diesem immerhin tröstlichen Gedanken schloss er die Augen und fiel in so etwas wie einen gelinden Vorschlaf. Ob der sich bald vertiefen würde? Wir wollen es hoffen. Denn wie sollten wir sonst eine einigermaßen befriedigende Romanhandlung zustande bringen? Auf die aber sind wir angewiesen. Der Professor übrigens auch. Hat er doch als alter Mann und (zumindest gewesene) Kapazität auf einen guten Nachruf bedacht zu sein. Das irdische Leben ist schließlich nicht alles. Jedenfalls nicht das persönliche irdische Leben. Man sollte (als gewesene Kapazität) darüber hinaus damit rechnen dürfen, dass man längere Zeit im Gedächtnis der Menschheit, wenigstens in Restbeständen, vorhanden bleibt. Lässt sich doch auch auf diese Weise – wie so mancher fälschlich meint – das persönliche irdische Leben wenigstens scheinbar verlängern. Bestenfalls um einige Jahre oder Jahrzehnte. Gilt das aber auch dann, wenn man inzwischen immer wieder jünger und jünger, damit zugleich aber unzurechnungsfähiger und unzurechnungsfähiger geworden ist? Trotz oder vielmehr wegen ständig auf einen herabregnender Ehrendoktorhüte. Zumindest sieht man es subjektiv so. Sieht man es etwa falsch? Aber was heißt hier schon ‚falsch' und ‚richtig'?

Zugegeben, es ist nicht zu leugnen, dass wir gerade dabei sind, auf eigentlich unerlaubt heimliche, ja eher sogar heimtückische Weise jene verschlungenen Traumbewegungen nachzuvollziehen, von denen der Professor im Augenblick heimgesucht zu werden scheint. Er wälzt sich denn auch unruhig von der einen Seite auf die andere. Im Grunde kann er einem Leid tun. Aber davon hat er doch nichts. Bleiben wir also nüchtern. Das heißt, nehmen wir jene innere Stellung zu ihm und seinen Schlaf- und Wachensproblemen ein, die er – in der Zeit vor den zerstörerischen Ehrendoktoraten – als damals noch aktiver und ernstzunehmender Wissenschaftler, ja als Kapazität seines Faches (welchen Faches auch immer) stets unerbittlich eingenommen hatte. Die eines registrierenden Skeptikers nämlich, jedenfalls eines Mannes, der sich auf Schritt und Tritt, auf Denkschritt und Denktritt, Analyseschritt und Analysetritt der Tatsache bewusst ist, dass wissenschaftliche Ergebnisse, so umwerfend sie auch immer sein mögen, grundsätzlich überholbar sind und auch mit einiger Sicherheit, kommt Zeit, kommt Paradigmenwechsel, überholt werden. Wir selber sind zwar keine Kapazitäten. Versuchen wir aber trotzdem, ausnahmsweise so zu handeln, zumindest aber zu träumen, wie der Professor in seinen jüngeren und noch ernstzunehmenden Jahren zu handeln, zu denken und zu träumen pflegte.

Wobei zu bedenken wäre, dass er selbst in seinen nüchternsten Augenblicken gelegentlich von im Grunde unerklärlichen Blitzschlägen getroffen wurde, von eigentlich eher unerlaubten elektrischen Heimsuchungen, die der Professor seinerzeit höchst fahrlässiger-, nein eher doch wohl vermessener Weise mit so etwas wie „Geist" in Verbindung zu bringen pflegte. (Aus welcher Unsitte sich wiederum, wenn man sich einige Mühe gibt, seine Fachrichtung einigermaßen zuverlässig ermitteln ließe. Aber was brächte das schon?). Man scheut sich, es zu sagen, aber diese elektrischen (Geistes-) Schläge wurden ihm vorzugsweise ausgerechnet beim – morgendlichen Rasieren zuteil. Und zwar sowohl beim so genannten nassen Rasieren in seinen früheren Jahren als auch später, als er zum elektrischen Rasieren übergegangen war. In beiden Fällen schien ihm schon allein die Tatsache der ungewöhnlich hohen Konzentration auf im Grunde vergleichsweise Unwesentliches, nämlich auf den eigenen Bartwuchs, das Feld frei zu räumen, das jene elektrischen (Geistes-) Blitze brauchten, auf die er zuerst als künftige, dann aber auch schon bald als gestandene tatsächliche Kapazität (welcher akademischen Disziplin auch immer) angewiesen war. Lange Zeit hatte ihn das Rasieren nicht im Stich gelassen. Stufenweise und nahezu exakt parallel geschaltet mit den nun schon seit Jahren auf ihn herabregnenden Ehrendoktorhüten, waren jene geistesblitzartigen elektrischen Heimsuchungen jedoch schwächer und schwächer geworden. Professor Hackloh meinte sich, immer noch im Schlaf, zu erinnern, dass sie seit etwa zwei Wochen so gut wie ganz ausgeblieben waren. Was aber war da zu tun?

Man kann nicht gerade behaupten, dass der Professor am nächsten Morgen besonders erfrischt dem nächtlichen Bett entstiegen wäre. Diesmal vergaß er das Frühstück nicht, hatte stattdessen die tägliche Rasur vergessen. So brauchte er sich wenigstens auch keine Gedanken über das Ausbleiben der erwünschten Geistesblitze zu machen. Jedenfalls im Augenblick noch nicht.

In so etwas wie einem Zweitagebart, also in einer für ihn bisher noch ungewohnten Verfassung begab er sich auf die Straße und letztlich wieder einmal zum Bahnhof. Was aber wollte er da? Sollte er etwa vergessen haben, dass er gestern Abend an nämlichem Bahnhof seine Heimatstadt, das kleine Universitätsstädtchen X, erreicht hatte? Dabei liebte er doch Bahnhöfe gar nicht, jedenfalls nicht in jenem Zustand, in dem sie sich seit etwa zehn Jahren darboten. Schmutzecken waren hier und da durch marktschreierische Reklametafeln notdürftig verdeckt. Saufende und kiffende Obdachlose lagen irgendwo herum. Auch hier also neue Unordnung, vielleicht sogar Armut, durch marktschreierisches finanzgeil- grellbuntes Werben verdeckt.

‚In was für einer Gesellschaft leben wir heute eigentlich?' fragte sich Hackloh, wenn auch wieder einmal gänzlich unhörbar. Wer nämlich hätte ihm zuhören sollen oder auch nur wollen? Man kann ihn verstehen.

Nicht ganz unverständlich ist auch, dass er, nachdem er aus einem der idiotischen Apparate eine Fahrkarte gezogen hatte, in einen Zug einstieg, der ihn wer weiß wohin entführte. Er selber hätte nicht sagen können wohin eigentlich, obgleich er doch eine auf ein bestimmtes Ziel bezogene Fahrkarte aus dem idiotischen Apparat gezogen hatte. Vielleicht wird er es später einmal sagen können. Bis dahin aber wird aus seinem Zweitage-Bart vermutlich (mindestens) ein Fünftage-Bart geworden sein. Warten wir es also ab. Während der Fahrt guckte der Professor nicht etwa aus dem Fenster. Nein, er tat das, was er in seinem erwachsenen Leben immer getan hatte: er las. Was aber las er? Nun ja, begreiflicherweise las er sich selber. Ob er das aber bemerkt hat, muss offen bleiben. Wie so manches leider offen bleiben muss. Zumindest im reichlich ungewöhnlichen Fall des in eine Art zweiter Jugendlichkeit hinein geschrumpften Professors Hackloh. Hier sind bestenfalls Vermutungen möglich, Vermutungen, die wiederum dazu verleiten könnten, endlich nun doch jene akademische Disziplin zu ermitteln, in der er sich einmal, als er noch zureichend erwachsen war – vor den vielen Ehrendoktorhüten also – herumgetrieben hatte. Mit großem, mit geradezu staunenswert großem Erfolg und – wie wir bereits gesehen haben – den entsprechend außergewöhnlichen Folgen. Doch der Versuchung, hier Vermutungen anzustellen, sollten wir widerstehen. Wenigstens vorläufig noch. Wir haben Zeit. Zumal der Professor ganz offensichtlich ein äußerst entferntes Ziel gewählt hat, als er den idiotischen Apparat bedient hatte. Willentlich? Wissentlich? Unwillentlich? Unwissentlich? Auch das hat offen zu bleiben. Wenigstens vorläufig noch.

Sicher ist lediglich, dass Professor Hackloh weiter vor sich hin fuhr und vor sich hin las. Sich selber las. Immerhin muss er nach einigen Stunden, nein eigentlich Tagen fortwährenden Fahrens und Lesens mitbekommen haben, dass der Zug und damit auch er und seine Lektüre in einen Tunnel einfuhr. Schwärze umgab ihn. Offensichtlich war die Beleuchtung des Zuges ausgefallen. Lange Zeit blieb es rabenschwarz. Den Professor allerdings schien das nur wenig zu kümmern, hatte er doch, gerade als der Zug in den Tunnel und mithin in die allgemeine Schwärze einfuhr, das mittlere und nach seiner Ansicht wichtigste Kapitel seines Buches schon zu Ende gelesen. Der Rest konnte warten. Wie sich schon allzu bald zeigen sollte, würde er lange zu warten haben.

Denn als sowohl der Zug als der Professor und seine Lektüre endlich Tunnel und Schwärze hinter sich ließen, war zumindest der Professor selber ein grundlegend Anderer geworden. Was dagegen aus seinem Zug später geworden ist, aus dem er sinnvollerweise auf dem nächsten Bahnhof, dem Bahnhof einer nur mittelgroßen Stadt, als einziger Fahrgast ausstieg, wissen wir nicht. Wie wir so vieles nicht wissen. Eines allerdings wissen wir mit großer Bestimmtheit: dem Professor ist das weitere Schicksal seines ehemaligen Zuges gleichgültig. Was nur allzu verständlich ist. Und das Buch? Sein Buch? Das von ihm schon vor Jahren geschriebene Buch, das gemeinhin als sein *magnum opus* galt und vermutlich auch heute noch gilt? Das werden wir, wenn alles gut geht, erst am Ende unserer literarischen Expedition vielleicht erfahren. Dieses Ende aber ist noch längst nicht erreicht.

Es ist – wenigstens vorläufig – nur allzu verständlich, dass der nunmehr durchgreifend verwandelte Professor sich nur noch bruchstückhaft an seine frühere Existenz erinnerte. An welche der mannigfachen Existenzphasen der letzten Jahre und ihres Ehrendoktorhutsegens hätte er sich auch mit besonderem Nachdruck erinnern sollen? Es ist immerhin möglich, dass er zumindest anfangs noch eine gewisse Ahnung davon hatte, dass er einmal eine Kapazität (welcher akademischen Disziplin auch immer) gewesen war, dass er dann stufenweise und nach Maßgabe der auf ihn in Intervallen herabregnenden akademischen Ehrungen jünger und jünger, mithin aber auch unzuverlässiger und unernster geworden war. Mag sein, dass er sogar, wenngleich vorläufig nur dunkel, ahnte, dass er nach Verlassen des Tunnels und seines Zuges die vielleicht letzte Etappe seiner erstaunlichen, beziehungsweise eher wohl erschreckenden Verjugendlichung erreicht haben werde. Fest scheint jedoch zu stehen, dass er immer dann, wenn später, ganz wider Erwarten, eben doch noch ein weiterer Verjugendlichungsschub sich einstellte (den er sich aber vielleicht auch nur einbildete), dafür von nun an nicht mehr den Ehrendoktorhutsegen verantwortlich machte. Den schien er mittlerweile so gut wie ganz vergessen zu haben. Sicher ist jedenfalls, dass er Tag um Tag, Nacht um Nacht tiefer in sein mittlerweile fast allgemeines Vergessen fiel. Nein, von nun an schien sein Tunnelerlebnis die nahezu einzige Markscheide seiner Entwicklung zu sein.

Soweit die reichlich verschwommenen Gedanken des Professors, dem auch entfallen zu sein schien, dass er einmal nicht nur eine akademische Kapazität, sondern auch ein ordentlicher Professor einer nicht ganz unbedeutenden Universität gewesen war. Wir sind aber keineswegs verpflichtet, seiner Einschätzung zu folgen. Können wir uns doch, wenigstens vorläufig noch, als neutral betrachten, zumal wir selbst das *magnum opus* des Professors nie gelesen haben und zumindest von diesem gewiss beachtlichen Werk als gänzlich unbeeinflusst, vielleicht sogar als unbeeinflussbar gelten können.

Wie aber sollen wir die hier gegebene ungewöhnlich komplizierte, eigentlich sogar gänzlich unglaubhafte Sachlage einschätzen? Dass Tunnelerlebnisse in gewissen Fällen nicht ganz folgenlos bleiben können, nehmen wir hin, wenngleich nicht ganz ohne Skepsis. Dass alternde Professoren sich gelegentlich scheinbar verjüngen können, ebenfalls. Dürfte uns doch jener vielleicht nur scheinbare Verjüngungsprozess zu gegebener Zeit ebenfalls widerfahren. Weshalb sollte man eigentlich nicht, wo alle Welt von „Senioren", wenn nicht gar von „Hochbetagten" spricht, das grundsätzlich gleiche, wenn auch umgekehrte Veränderungphänomen eine „Verjugendlichung" nennen dürfen? Auf Bezeichnungen kommt es nicht an. Sie verändern nichts an den hier gemeinten Sachen, beziehungsweise an den hier gemeinten Zuständen. An Zuständen, von denen ganze Batterien von Alters- und Pflegeheimen, Pflegern und Pflegerinnen, Pflegeversicherungen und Medizinischen Diensten leben, ganz zu schweigen von normalen Ärzten. Die jeweils gewählte Bezeichnung, sei sie nun euphemistisch gewählt oder extrem andersherum (was aber kaum vorkommt), sagt bestenfalls etwas über den gesellschaftlichen Rahmen aus, in dem sie entworfen worden ist und seitdem täglich benutzt wird.

Nachdem Professor Hackloh etwa eine Stunde ziellos durch die kleine Stadt spaziert war, nicht ohne sich über so manches ihm bisher Ungewohnte, beziehungsweise bestenfalls aus seinen allerfrühesten Kindheitstagen vage Vertraute zu wundern, beschloss er, müde zu sein. Ganz davon zu schweigen, dass sich Hunger und Durst wieder, wenngleich vorläufig noch vergleichsweise unaufdringlich, bemerkbar machten. Was war da zu tun? Ob es in dieser Stadt wohl so etwas wie Gasthöfe, vielleicht sogar Hotels gab? Entsprechende Kennzeichen, geschweige denn bunte, knallharte Werbung schienen zu fehlen. Wie sich denn überhaupt die kleine Stadt, verglich man sie – was man aber keinesfalls tun sollte – mit entsprechenden Städten jenseits des Tunnels, als nahezu farblos darbot. Wo man gelbe, rote oder in Ausnahmefällen vielleicht auch blaue Ruhebänke, etwa in ebenfalls knallbunten städtischen Parkanlagen, vermutet hätte, fand man bestenfalls eine einzige Bank. Die aber war – weiß.

Was aber die wenigen Männlein und Weiblein betraf, die sich, fast so wie der Professor, durch die tristen Straßen des Städtchens bewegten, so waren die ebenfalls ganz ungewohnt farblos gekleidet. Wollte man das auf höfliche Weise umschreiben, so hätte man vermutlich zu sagen: ‚Sie wirkten allesamt auf ungewohnte, nein eigentlich wohl eher unanständige Weise konventionell.'

‚Und nur mäßig betriebsam', hätte man dann noch hinzuzufügen. Jedenfalls unterschieden sie sich auch in Bezug auf ihre wenig strebsame Betriebsamkeit, die sich mit einer ihnen offensichtlich innewohnenden Ruhe gut zu vertragen schien, nicht unbeträchtlich von dem müde, hungrig und durstig, vor allem aber so gut wie ziellos vor sich hin schlendernden ehemaligen Professor Hackloh. Der fiel denn auch auf. Aber man sprach ihn nicht an, drehte sich noch nicht einmal nach ihm um. Offensichtlich war man nicht nur bezüglich der Farbgebung, sondern auch im Umgang miteinander, zumindest aber mit bislang noch Fremden, ungewöhnlich konventionell. Man beäugte einander äußerstenfalls aus den Augenwinkeln.

Und das war es dann auch schon. Hackloh nahm es hin. Es mag sogar sein, dass er es als angenehm empfunden hat.

Mit Sicherheit empfand er als ungewohnt und angenehm, dass aus einer benachbarten Schule eine nicht gar so geringe Schüler- und Schülerinnenschar in geradezu unglaublicher Ruhe und Ordnung nicht etwa wild herausströmte, sondern sich nahezu kolonnengleich, ohne weiteres Aufsehen zu erregen, geradezu sachte herausbewegte. ‚Sollte Kindlichkeit, Jugendlichkeit hierzulande etwa so aussehen?' musste sich Hackloh fragen, wiederum still und unhörbar, sozusagen in sich hinein. Seine Verwunderung ist nur allzu gut zu verstehen, war er doch als ehemaliger Professor an gänzlich andersartige jugendliche Verhaltensweisen gewöhnt. Er meinte sich sogar dunkel erinnern zu können, dass er später, und zwar nach Maßgabe der eigenen immer-jugendlicher-Werdung, wider Erwarten so etwas wie Verständnis, ja sogar Freude an diesen reichlich anstrengenden Verhaltensweisen seiner Studenten und Studentinnen hatte entwickeln können. Aber kaum hatte er sich daran erinnert, vergaß er es auch schon wieder.

Inzwischen hatte er sich auf die einzige, die einsame weiße Parkbank gesetzt. Nun hatte er erst recht den Eindruck, aus vielen bürgerlichen Augenwinkeln neugierig, vielleicht sogar ein wenig abschätzig betrachtet zu werden. Es war so gegen elf Uhr vormittags. Um diese Zeit hatte ein ordentlicher Bürger nicht auf Parkbänken zu sitzen, und seien es auch nur harmlos weiße. Man hatte vielmehr, wenn man eine Frau war, von Ladengeschäft zu Ladengeschäft zu schreiten, um die nötigen Einkäufe für das Mittagessen zu erledigen. Dann hatte man nach Hause zu gehen, um anschließend mindestens eine geschlagene Stunde lang vor dem Küchenherd zu stehen, einem technischen Möbelstück, das selbstverständlich noch mit Kohle und Briketts beheizt wurde. War man aber ein Mann, so saß man um diese Zeit in irgendeinem Büro, arbeitete in einer Werkstatt oder ausnahmsweise wohl auch in einer der kleinen Fabriken, oder man hantierte als Handwerker reparierend an irgendeinem Schaden herum, der in einem der Bürgerhäuser der Stadt aufgetreten war. Gewiss, es gab auch einige Lehrer. Die aber waren gerade dabei, ihren Krimskrams zusammenzupacken und sich möglichst unauffällig auf den Heimweg zu machen. Hatten doch ihre Schüler das Schulgebäude inzwischen so gut wie unhörbar leise verlassen. Lehrerinnen kamen seltsamerweise so gut wie gar nicht vor. ‚Die scheinen mir alle Hausfrauen zu sein, Ganztagshausfrauen', murmelte Hackloh in sich hinein. Dagegen hatte er nur wenig einzuwenden. Was nicht unbedingt für ihn spricht. Doch man sollte ihm sein Tunnelerlebnis zugute halten.

Als sein Magen wieder einmal vernehmlich knurrte und die Straße für einige Minuten so gut wie menschenleer war, ließ Hackloh sich von der Beschaffenheit der kleinen Parkanlage ablenken, in der seine weiße Bank stand. Dabei fiel sein Blick auf einen absonderlich sauberen und ordentlich gehaltenen Sandkasten, an dessen Rändern sich einige nicht allzu bunte Eimerchen und Schäufelchen befanden, seltsamerweise der freien Verfügung überlassen. ‚Ob ich es einmal versuchen sollte?' fragte sich Hackloh. ‚Als Kind habe ich immer gern im Sand gespielt. Mit Schäufelchen, Sandformen und Eimerchen sollte ich wohl auch heute noch umgehen können.'

Eigentlich hätte er wohl eher ‚gerade heute wieder' sagen sollen. Aber das verkniff er sich gerade noch, wenn es ihm auch schwer fiel. ‚Nein, ganz so weit soll es mit mir denn doch nicht kommen', sagte er in sich hinein. ‚Was sollen sonst die Bürger dieser Stadt von mir denken, wo ich doch früher einmal…' Aber diesen Satz sprach er nicht zu Ende, war ihm doch gerade jenes „Früher" wieder einmal entfallen. Auf immer und ewig entfallen? Wir wissen es nicht. Hackloh selber schien sich darüber keine Gedanken zu machen. Dafür knurrte sein Magen nun doch allzu stark. Auch sein brennender Durst machte sich wieder bemerkbar. Er wandte sich deshalb entschlossen vom Sandkasten und den dazu gehörigen Utensilien ab und begab sich auf die Suche nach einem Gasthof. Die aber erwies sich als gar nicht so leicht, fehlte doch – wir haben es bereits einmal festgestellt – jegliche lockende Werbung.

Schließlich, nach etwa einer weiteren Stunde ziellosen, hungrigen und vor allem durstigen Schlenderns, immer wieder aus neugierigen Augenwinkeln beobachtet, wagte er es endlich, einen ihm entgegenkommenden älteren Herrn, offensichtlich einen Rentner, nach einem Gasthof zu fragen.

„Ich verstehe", sagte der, „Sie suchen Arbeit, damit Sie essen, trinken und vor allem – sich ausruhen können", sagte der und wies auf ein größeres Haus hin, das durch ein kleines Metallschild unaufdringlich gekennzeichnet war.

Das Schild aber kam ganz ohne Worte aus. Ob man in dieser Stadt des Lesens nicht kundig war? Wozu dann aber die Schule, wozu die Lehrer, wozu die Schülerinnen und Schüler? Hackloh beschloss jedoch, sich nun nicht mehr den Luxus unfruchtbaren Fragens gönnen zu sollen. Dazu knurrte der Magen denn doch allzu sehr. Er beschränkte sich deshalb auf die Deutung jener Symbole, die er auf dem Metallschild dargestellt fand. Es handelte sich um einen Spaten, eine Sichel, einen Hammer und – ein Bett. ‚Zumindest Hammer und Sichel waren mir einmal bekannt. Ich sollte sie aber wohl doch besser vergessen haben', murmelte es in Hackloh. ‚Auch die Schaufel lässt sich hinnehmen', fügte er hinzu, ‚was aber habe ich von dem Bett zu halten, ausgerechnet von einem Ruhebett? Immerhin, nötig hätte ich es in dem Zustand, in dem ich mich im Augenblick befinde. Ganz davon zu schweigen, dass ich jenen älteren Herrn, jenen Rentner, nach einem Gasthof gefragt habe. Der wird sich doch etwas dabei gedacht haben, als er mir ausgerechnet dieses Haus empfahl. Gasthöfe pflegen Betten zu haben, Speisen und Getränke ebenfalls. Machen wir also einen Versuch.'

Kaum hatte der ehemalige Professor das Gasthaus betreten, wurde er auch schon nach seinen Wünschen gefragt. ‚Hier scheint man zu wissen, was sich gehört', murmelte Hackloh in sich hinein, ‚was mich allerdings wundert ist, dass es keine anderen Gäste zu geben scheint. Ob die wohl erst gegen Abend kommen? Von irgendetwas muss so ein Gasthof doch schließlich leben.' Er konnte diesen Gedanken aber nicht weiter nachgehen. Hatte ihn doch der Wirt – so etwas nämlich schien er tatsächlich zu sein – nach seinen Wünschen gefragt. Hackloh hatte sich, seitdem seine Kinder aus dem Haus und seine Frau gestorben war, abgewöhnt, Wünsche zu äußern. Die nämlich führten normalerweise zu nichts. So musste der Wirt – oder was immer der Mann sein mochte – noch einmal nachfragen.

„Ich habe Hunger und Durst. Außerdem sehne ich mich nach einem ruhigen Bett in einem ruhigen Zimmer", antwortete schließlich Hackloh.

„Das habe ich mir schon gedacht", antwortete der Wirt – oder was immer er sein mochte – „alles das werden Sie zur rechten Zeit bekommen.

Zur rechten Zeit, sagte ich. Gilt bei uns doch das altbekannte Sprichwort ‚Wer nicht arbeitet, soll auch nicht essen'. Der soll übrigens auch nicht in einem unserer Betten schlafen. Ich darf Sie in diesem Zusammenhang an das kleine Metallschild vor unserem Eingang erinnern. Es weist unter anderem Spaten, Hammer und Sichel auf. Was selbstverständlich nicht ausschließt, dass es hierzulande auch andere Arbeitsmöglichkeiten gibt, die sich in Anrechnung bringen ließen. Gegen Essen, Trinken und Bett in einem möglichst ruhigen Zimmer. Sie brauchen nur zu wählen. Welche Art der Arbeitsleistung ziehen Sie vor?"

Damit hielt er dem ehemaligen Professor auch schon einen Spaten vor die Nase. Seltsamerweise erwies Hackloh sich zuerst einmal als leicht irritiert. Er hatte keine allzu ausgebreitete Erfahrung mit Gasthöfen. Etwas besser sah es bei ihm mit Hotelerfahrungen aus, Vier- und Fünfsterne-Hotels in allen möglichen Weltgegenden eingeschlossen. Aber das war nun ferne Vergangenheit, an die Hackloh sich nur noch schemenhaft erinnerte. Angesichts des Spatens vor seiner Nase blieb ihm nichts anderes zu antworten übrig als ungefähr dies:

„Ich könnte mir denken, dass ich mit Spaten und den ihnen zugeordneten Arbeiten nur wenig bis gar keine Erfahrung habe. Wenn ich auch zuzugeben bereit bin, dass ich eben noch, auf einer weißen Bank unmittelbar vor cinem Sandkasten sitzend, für den Bruchteil einer Sekunde in Versuchung geraten bin, mit einem der kleinen Kinderspaten, den Schäufelchen und Sandförmchen zu spielen. Mag immerhin sein, dass Sie, werter Herr, das ebenfalls eine Art von Arbeit nennen würden, eher wohl eine kindliche, um nicht zu sagen, kindische Abart. Aber ich habe der Versuchung widerstanden. Mag ich auch im Laufe der vergangenen Jahre jünger und jünger geworden sein. Ins Sandkastenalter möchte ich mich doch nicht zurück begeben. Und was ihren zugegebenermaßen erwachsen aussehenden Spaten angeht: Ich ziehe normale Bezahlung für Ihre Leistungen vor". Damit aber zückte der ehemalige Professor auch schon sein Scheckbuch.

„Oder ist Ihnen Bezahlung durch Kreditkarte lieber. Oder sogar Bargeld?"

Der Wirt – oder was auch immer er sein mochte – verfärbte sich leicht.

„Habe ich es mir doch gleich gedacht. So wie Sie aussehen, kommen Sie mit einiger Sicherheit von jenseits des Tunnels, also von so gut wie Nirgendwo her. Dafür aber können Sie nichts. Deshalb verzeihe ich Ihnen – wenn es auch schwer fällt – Ihre Verirrung. Hierzulande nämlich ist nichts so anrüchig, zugleich aber auch – glücklicherweise – so unwichtig wie ausgerechnet Geld, gleichgültig ob in bar, auf Kreditkarte oder Scheck. Wäre ich nicht so etwas wie ein Wirt, hätte ich diese reichlich unzüchtigen Begriffe vermutlich noch nie in meinem Leben gehört. Wirklich zur Kenntnis genommen habe sie allerdings bis heute nicht. In meinem Beruf befindet man sich zwangsläufig in Grauzonen der verschiedensten Art. Zumal es immer mal wieder vorkommt, dass irgendein menschliches Wesen von jenseits des Tunnels auf reichlich mirakulöse Weise zu uns vorstößt. In der Regel nur auf kurze Zeit. Sie aber, mein Herr, sehen so aus, als wollten und könnten sie es auch längere Zeit bei uns aushalten. Da Sie aber mit dem ehrlichen Spaten nicht zurecht zu kommen scheinen, biete ich Ihnen die Arbeit mit Hammer oder Sichel an, die nämlich scheint mir ebenfalls ehrenwert, darüber hinaus aber nicht allzu schwer zu sein".

„Wenn Sie meinen", konnte Hackloh darauf nur antworten, griff sich den Hammer, der ihm gerade zugereicht wurde, und schlug einige krumme Nägel wieder gerade, die geraden Nägel dann in die benachbarte Wand. ‚Ob das wohl ausreicht?' fragte er sich bekümmert. Der seltsame Wirt schien ihn trotz seines Murmelns verstanden zu haben. Er antwortete:

„Für ein belegtes Brötchen und ein Glas Quellwasser dürfte es wohl reichen. Anschließend sehen wir dann weiter."

Hackloh durfte sich denn auch an einen der vielen freien Tische setzen und bekam sein belegtes Brötchen und ein Glas Quellwasser kredenzt. Der Wirt – oder was auch immer er war – setzte sich sogar an seinen Tisch. Da er ganz offensichtlich höflich war, ließ er sich seine Neugier nicht anmerken. Immerhin kam es nicht jeden Tag vor, dass sich ein menschliches Individuum von jenseits des langen Tunnels in sein Etablissement verirrte.

„Haben Sie sich nun etwas erholt?" fragte der Wirt.

„Danke der Nachfrage", antwortete Hackloh, „etwas erholt habe ich mich schon. Aber ich brauche noch weitere Erholung. Denn ich habe eine anstrengende Zeit hinter mir. So sehne ich mich beispielsweise nach einem Bett in einem möglichst ruhigen Zimmer."

„Auch das sollen Sie bekommen", antwortete der Wirt, „zu seiner Zeit und – nachdem Sie es verdient haben".

Nun schon zum zweiten Mal zückte Hackloh sein Scheckbuch und fingerte in seiner Brieftasche nach der Kreditkarte.

„Oder haben Sie es lieber, wenn ich diesmal bar bezahle?" fragte er.

„Wie können Sie etwas derart Unsittliches von mir verlangen?" war die Antwort. „Habe ich Ihnen doch schon einmal gesagt, dass es bei uns hinter dem Tunnel keinen Umgang mit schmutzigen Finanzmitteln gibt. Wer sie trotzdem für irgendetwas einzusetzen versucht, wird von unseren Gerichten bestraft, und nicht zu sanft. Werden doch auch Sie, mein Herr, letzlich zugeben müssen, dass Geld und Geldwerte aller Art nicht nur den Charakter des einzelnen Menschen verderben, sondern auch die menschliche Gesellschaft als Ganze. Wollen Sie das letztlich verantworten? Wo Sie doch erst seit etwa zwei Stunden in unserer Stadt sind…"

„Ich will gar nichts, außer einem Bett", antwortete Hackloh, den das seltsame Gespräch allmählich zu zermürben begann. „Was genau habe ich dafür zu bezahlen, wenn schon nicht in Geld, dann doch sicher in anderen Werten?"

„Sehen Sie den Garten dort?" fragte der Wirt, indem er aus dem Fenster wies. „Er muss dringend umgegraben werden. Wie wäre es, wenn Sie das unternähmen? Haben wir doch eben noch von Sandschäufelchen, Sandkasten und Sandhaufen gesprochen. Sie fühlten sich nicht zuständig, was ich zur Not sogar verstehen kann, bedenkt man ihr, ich würde sagen, fortgeschritten jünglinghaftes Alter. Was Sie allerdings nicht hindern sollte, sich letztlich doch zu überwinden, jenen für Erwachsene hergestellten Spaten dort in der Zimmerecke zu schultern, in den Garten zu eilen und mit dem Umgraben zu beginnen. Haben Sie erst einmal das erste Viertel des nicht gar so großen Grundstücks geschafft, winkt Ihnen das Ihnen versprochene Bett, sogar in einem nahezu ruhigen Zimmer."

Was blieb dem ehemaligen Professor anderes übrig, als der Weisung zu folgen, war ihm doch anzusehen, dass er eines Ruhebetts dringend bedurfte. Wie hinfällig müde würde er aber erst sein, wenn er das ihm verordnete Gartenstück erst einmal umgegraben hätte? Er sollte sich irren, durfte er doch feststellen, dass die Arbeit ihn eher erfrischte als ermüdete. Trotzdem stellte er das Graben exakt an jener Stelle ein, die er für die Begrenzungslinie des ihm verordneten ersten Gartenviertels hielt.

„Und jetzt?" fragte er.

„Folgen Sie mir, nachdem Sie den Spaten ordnungsgemäß gesäubert und wieder in die ihm angemessene Zimmerecke gestellt haben. Ich werde Ihnen nämlich jetzt Ihr Bett anweisen. Sie haben es ja auch fast verdient. So genau nämlich nehmen wir es jenseits des Tunnels bekanntlich nicht. Wir betrachten uns nämlich als Menschen".

„Und wir? Als was betrachten Sie uns?" konnte Hackloh da nur fragen.

„Als Eindringlinge, bestenfalls als Sonderlinge", war die lapidare Antwort.

„Und wie haben Sie von Anfang an erkannt, dass ich in diese Kategorie gehöre?"

„Nichts leichter als das. Sie tragen einen für unsere Hintertunnel-Gegend viel zu bunten Schlips. Ganz davon zu schweigen, dass Ihnen die hierzulande übliche und auch nötige Gelassenheit und Ruhe fehlen."

„Aber auf Ruhe kommt es mir doch gerade an", konnte Hackloh darauf nur antworten, „nämlich auf das mir versprochene Bett."

„Sperren Sie die Augen auf! Dort steht es. Ich bin sicher, dass es Ihnen die gewünschte Ruhe verschafft, wenn auch nur für einige Stunden. Um sich an die hierzulande erwünschte Gelassenheit und Ruhe anzupassen, bedarf es – jedenfalls für Menschen wie Sie – normalerweise einiger Jahre. Übrigens auch, was die bei uns geübte Offenheit, Direktheit, den Umgang miteinander ohne jede Höflichkeits-Tünche angeht. Dass es uns an Heuchelei fehlt und an dem, was Sie hinter dem Tunnel ‚gesellschaftliche Formen' zu nennen belieben, werden Sie auch schon bemerkt haben."

„Und ob ich das bemerkt habe…", konnte Hackloh da nur sagen. Allerdings fügte er in einer ihm eigentlich seit einigen Jahren so gut wie abhanden gekommenen Anwandlung von Ironie hinzu:

„Wenn ich Ihnen nun ‚Gute Nacht' sage, Herr Wirt, ist das dann schon der Höflichkeit zu viel?"

„Ich bin bereit, es hinzunehmen, wenn auch zähneknirschend", war die Antwort, „bin ich doch an so manches gewöhnt. Menschen, die von jenseits des Tunnels kommen, geraten verständlicherweise zuerst einmal an mich und mein Etablissement. Da lernt man so manches und – schüttelt es wieder ab. Man freut sich dann, wenn man es wieder los ist. Auch Sie und Ihre Umgangsweise werde ich abzuschütteln haben, mein Herr. Aber im Abschütteln habe ich eine gewisse Übung, eine berufsbedingte, versteht sich."

„Dann schütteln Sie mal schön", sagte Hackloh. Damit aber hatte er seine allerletzte Ironie-Ration eingesetzt und mithin auch verbraucht. Es war also allerhöchste Zeit, dass er zu Bett ging. Das tat er dann auch.

Es ist nicht allzu verwunderlich, dass er gleich einschlief und auch einige Stunden ohne Träume oder – was wahrscheinlicher gewesen wäre – ohne Albträume durchschlafen konnte. Gartenarbeit, gerade auch dann, wenn man ihren Sinn nicht einsieht, kann heilsam sein. Einige Stunden vor Tagesanbruch jedoch schien der heilsame Einfluss der ihm ungewohnten körperlichen Arbeit nicht nur nachzulassen, sondern leider so gut wie ganz zu verpuffen. Seltsame, nein eher beängstigende Träume stellten sich ein. Das Unerwartete an ihnen war, dass sich in ihnen die Welt jenseits des Tunnels und die Welt vor dem Tunnel in geradezu unzüchtiger, jedenfalls aber unentwirrbarer Weise zu vermischen schienen. Die in den Träumen angeschlagenen Themen hatten zwar fast alle mit den Nach-Tunnel-Erfahrungen Hacklohs zu tun, vor allem auch mit den kuriosen Gesprächsverläufen, denen er eben noch ausgeliefert gewesen war. Was aber leider nicht ausschloss, dass er sich dabei ertappte, dass er gerade die abstrusesten Einzelheiten dieser Gespräche auch auf Verhältnisse auf der ihm eigentlich ursprünglich angestammten Tunnelseite bezog. Wie aber sollte das gehen können?

Nehmen wir beispielsweise die Einstellung des Wirtes zum Geldsystem. Mochte die auch – zumindest in der reichlich schlichten Art, in der sein Wirt sie ihm vorgetragen hatte – ganz ungewöhnlich abwegig erscheinen. Der ehemalige Professor musste sich dennoch eingestehen, dass sie ihm gar nicht einmal so ganz fremd gewesen war, als er noch auf der anderen Seite des Tunnels lebte. Hatte er sich etwa je um Geld, geschweige denn um Bankguthaben, Aktienbesitz, aber auch Grundbesitz gekümmert? Hatte er nicht – und das mit einigem Recht – immer wieder gegen den platten

Ökonomismus gewettert, dem sich die Gesellschaft jenseits des Tunnels, dem sich aber nicht zuletzt auch die hochedlen Universitäten, vor allem aber seine eigene, ausgeliefert hatten? War nicht allenthalben an die Stelle von „Weisheit" der platte Nutzen getreten, an die Stelle von Bildung die allerplatteste Version von Ausbildungsnützlichkeit?

Mochte er seine diversen Ehrendoktorhüte (verdammt noch mal, da sind sie also doch wieder aufgetaucht, um allerdings gleich darauf wieder in so gut wie in nichts zu zerfließen), mochte er seine Ehrendoktorate auch zum größeren Teil noch jener weiter zurück liegenden akademischen Arbeitsphase verdanken, in der zumindest er selber von jenem ihm verhassten ökonomischen Geist noch so gut wie unberührt war. Leider ließ sich jedoch nicht ganz verdrängen, dass zumindest in den mit akademischen Ehrungen zwangsläufig verbundenen Laudationen hier und da auch von praktischer Verwertbarkeit die Rede gewesen war. In der Regel dürfte man dabei an die Umsetzbarkeit in irgendeine Sparte des öden Mammonismus gedacht haben. Und er hatte sich das bieten lassen, ohne laut (oder wenigstens leise) zu protestieren!

Aber auch die Verbindung von Arbeit und Belohnung war ihm in seinem Vortunnel-Leben nicht gar so fremd gewesen. Hatte er nicht immer gearbeitet, und zwar erbarmungslos hart? Gewiss, er hatte es nicht unmittelbar der eines Tages wohl fälligen Belohnung wegen getan, schon gar nicht der finanziellen. Hatte er das aber je nötig gehabt? War er nicht schon bald ein unkündbarer, also lebenslang beamteter Professor gewesen, in den letzten Jahren vor seiner Emeritierung sogar einer mit Sondergehalt? Konnte er sich nicht immer darauf verlassen, dass sein Gehaltskonto ausreichend gefüllt war, und zwar so ausreichend, dass für die wenigen Bedürfnisse, die er hatte, ja selbst für die nicht ganz so bescheidenen Bedürfnisse seiner Ehefrau und für die manchmal eher maßlos unverschämten seiner drei Kinder genug Geld auf der Bank lag?

Was aber würden die seltsamen Lebewesen auf der Seite des Tunnels dazu sagen, auf der er sich in einem durch harte Gartenarbeit sauer erarbeiteten Gasthausbett liegend gerade – wenn auch vermutlich nur für einige Tage – befand? Waren diese seltsamen Menschen doch weit davon entfernt, in irgendwelche Ausflüchte, geschweige denn in Heuchelei und, damit verbunden, Höflichkeit auszuweichen, wenn es darum ging, einen

Spaten einen Spaten sein zu lassen (wie die nüchternen Briten es nennen). Nein, so ganz falsch mochte der ehemalige Professor Hackloh denn doch nicht im Augenblick gebettet sein. Wäre es nicht eigentlich folgerichtig, wenn er sich nun entschlösse, auf der ihm ursprünglich nicht zugemessenen Tunnelseite des Lebens auch weiterhin zu bleiben? Das allerdings würde voraussetzen, dass er sich einem vermutlich harten Prozess der Umschulung, ja der Gehirnwäsche unterzöge. Weshalb aber nicht?

Es ist nur folgerichtig, dass Hackloh, nachdem er – sozusagen im Halbschlaf – diese Frage vor sich hin, nein eigentlich eher in sich hinein gemurmelt hatte, noch einmal – und nun zum letzten Mal, bevor der Tag anbrach – in einen erholsamen Tiefschlaf fiel. Nur so gut wie unbemerkt schob sich in diese eher traumlose Phase die Erkenntnis, dass er dann wohl auf seine Ruhestandsbezüge bis zum Ende seines Lebens werde verzichten müssen. Doch was der Mensch, gerade auch der Professor, nicht hören will, hört er bekanntlich nicht. Hackloh konnte also beruhigt weiterschlafen.

Als er so gegen neun Uhr morgens vom Schlaf erfrischt den Gastraum wieder betrat, stieg ihm ein verführerischer Kaffeeduft in die Nase. Neben der Tasse sah er einen Eierbecher stehen, in dem sich unter einer schützenden, nur maßvoll bunten offensichtlich handgestrickten Hülle ein gekochtes Ei zu befinden schien. Neben dem Frühstücksteller lagen, wie es sich auch jenseits des Tunnels gehört, Messer und Gabel. Eine saubere, sorgfältig gefaltete Serviette. frische Butter und Marmelade waren ebenfalls vorhanden. Auf einem kleinen Tellerchen entdeckte er darüber hinaus einige Scheiben Emmentaler Käse (also einen Käse von jenseits des Tunnels. Oder sollte es sich da etwa um eine Imitation handeln?). Es schien also alles in bester Ordnung zu sein. Da aber fiel sein Blick auf den Spaten. Der lehnte an dem offensichtlich für ihn bestimmten Stuhl, stumm, wie es sich für Spaten – sowohl diesseits als auch jenseits besagten Tunnels – gehört. Der Wirt – oder was auch immer er sein mochte – brauchte noch nicht mal einen ermutigenden Hinweis zu geben. Hackloh verstand den Spaten auch so. Er nahm ihn in die Hand, schulterte ihn sogar und marschierte mit ihm in den Garten. Dort nahm er sich das zweite Viertel der ihm angewiesenen Fläche vor und – genoss das Umgraben diesmal sogar. Sollte er sich etwa schon in einer einzigen durchschlafenen Nacht so sichtbarlich an Verhältnisse und Erwartungen der Gesellschaft hinter dem Tunnel angepasst haben? Wir tun vermutlich gut daran, uns der Stellungnahme zu enthalten. Vorläufig noch.

Es ist kaum zu glauben. Aber schon nach etwa zwanzig Minuten hatte Hackloh den ihm verordneten Gartenteil umgegraben. Weit davon entfernt, erschöpft oder auch nur leicht ermüdet zu sein, setzte er sich an den Frühstückstisch, nachdem er vorher das Spatenblatt sorgfältig gesäubert und den Spaten wieder in jene Zimmerecke gestellt hatte, in die er offensichtlich gehörte. Das Frühstück ließ er sich gut schmecken, ab und zu einen Blick in die Zeitung werfend, die ihm der Wirt freundlicherweise vorgelegt hatte. Was er da las – vorläufig eher in Bruchstücken, Zusammenhänge konnte er noch nicht so recht entdecken – wunderte ihn sehr. Während des opulenten Frühstücks, vor allem auch unter dem Einfluss des verführerisch duftenden und noch verführerischer schmeckenden Kaffees hatte er sich nun schon zum zweiten Mal heimlich gefragt, ob er nicht vielleicht doch in Erwägung ziehen solle, den (vermutlich neuerdings beträchtlichen) Rest seines Lebens hinter dem Tunnel zu verbringen, zumal sich Gartenarbeit doch als vergleichsweise erholsam erwiesen hatte und auch andersartige Arbeiten ihren Schrecken für ihn zu verlieren schienen.

Er wandte sich also an seinen Wirt. Auf die Zeitung zeigend, sagte er: „Zugegebenermaßen verstehe ich das meiste nicht, was ich da gedruckt vorfinde. *Noch* nicht. Sollte es aber nicht möglich sein, dass mir irgendjemand in Ihrer Stadt, wenn nicht sogar Sie selber, dabei behilflich ist, es wenigstens auf die Dauer zu verstehen? Ich war eigentlich immer recht lernfähig", fügte er hinzu. (Seine diversen Ehrendoktorhüte erwähnte er in diesem Zusammenhang nicht. Mag ja immerhin sein, dass er sie wieder einmal vergessen hatte).

„Da kann ich nur staunen", antwortete der Wirt. Ein nicht geringes Maß an Anerkennung war an seinem gutmütigen Gesicht abzulesen. „Sie müssen in der Tat recht gut bei uns geschlafen haben".

„Gut gefrühstückt habe ich auch. Nur die Zeitung…Die macht mir Schwierigkeiten."

„Dem kann abgeholfen werden." Ich werde dafür sorgen, dass sich ein für derartige Aufgaben in unserer Stadtverwaltung zuständiger Mitbürger sich Ihrer annimmt. Es handelt sich übrigens um einen nicht nur gelehrten, sondern vor allem auch – was in dieser Berufsgruppe eher ungewöhnlich ist – bescheidenen Mann etwa Ihres der Jugend angenäherten Alters. Setzen Sie sich ruhig so lange auf die Bank im Garten. Das hat den Vorteil, dass Sie sich an der von Ihnen gestern Abend und heute Morgen geleisteten Arbeit noch einmal erfreuen können. Ihr Berater wird Sie dort in, sagen wir einmal, einer halben Stunde abholen, um Sie dem Programm zuzuführen, das unsere Stadt für Fälle wie Sie, die allerdings überaus selten sind, vorgesehen hat".

Hackloh ging also in den Garten zurück und setzte sich auf die, natürlich weiße, Bank. ‚Was werden die nächsten Stunden wohl bringen?' fragte er in sich hinein. Mochte er auch weiterhin alles Unglaubliche der Welt für möglich halten. Er sah es mittlerweile recht unbefangen, jedenfalls gänzlich furchtlos auf sich zukommen. ‚Der Mensch lernt schließlich nie aus', sagte er sich, ‚ich jedenfalls will mich bemühen.'

Aber da stand sein Berater auch schon vor ihm und begrüßte ihn mit einem kräftigen „Guten Morgen!", nicht etwa mit jenem „Hallo!" oder „Hi!", das seit einigen Jahren auf der anderen (der richtigen?) Seite des Tunnels üblich geworden zu sein schien. Hackloh wunderte sich nicht, dass sein Berater ohne jegliche Umschweife, vor allem aber auch ohne jegliche Höflichkeitsfloskeln sofort zur Sache kam:

„Ich führe Sie also zuerst einmal in eine unserer Schulen. Will man unsere Gesellschaftsordnung und ihre Regeln verstehen lernen, sollte an möglichst unten beginnen. Wobei „unten" jedoch nicht als ein Werturteil zu betrachten wäre. Eher ganz im Gegenteil, ist doch „unten" bei uns in Wirklichkeit „oben". Natürlich gilt das auch andersherum."

Es dauerte nur etwa fünf Minuten und schon hatten die Beiden die Schule erreicht. Sie lag in einer im Grunde unglaublichen Stille vor ihnen. Auch in den Gängen regte sich nichts, war noch nicht einmal etwas zu hören, obgleich doch mehrere Klassenräume an je einer Seite der Gänge lagen, in denen ein allgemeines Unterrichten und Lernen gerade stattfinden musste. Der Berater klopfte an eine der Türen und trat ein. Niemand schien von den beiden Besuchern auch nur die geringste Notiz zu nehmen. Schülerinnen und Schüler waren mit Lernen beschäftigt, der Lehrer mit

Lehren. Beides aber schien ohne auch nur das geringste Wort vor sich zu gehen.

„Sonderbar, sonderbar", konnte Hackloh da nur sagen.

„Inwiefern sonderbar?", war die Reaktion seines Beraters, „mag das auf Ihrer gewohnten Seite des Tunnels auch anders sein. Hier ist es so. Lernen geschieht nun einmal nicht durch Wörter. Gelegentlich geschieht es zwar durch Worte. Aber das ist etwas anderes und findet nur in großen Abständen einmal statt. Dazu bedarf es großer Menschen, die man dann als Vorbilder zu betrachten hat. Hier aber haben wir es vorläufig noch mit einem ganz gewöhnlichen Lehrer, allerdings einem überaus pflichtbewussten zu tun. Gedulden Sie sich, mein Herr, wir werden uns noch steigern. Zur jeweils angemessenen Zeit und die jeweils angemessenen Stufen dabei berücksichtigend."

Da bemerkte Hackloh etwas in der Tat gänzlich Ungewöhnliches. Der Lehrer, der etwas erhöht auf einem Podest hinter seinem (recht altmodischen) Pult saß, griff hinter sich, um anschließend vor seinem biederen Gesicht mit Gegenständen herumzuwedeln, die Hackloh mit einiger Mühe denn doch noch als – Palmzweige identifizieren konnte.

„Was soll denn das bedeuten?", fragte er seinen Begleiter. Der tat zuerst einmal erstaunt, um dann recht ausführlich zu antworten:

„Es handelt sich da um die einfachste, zugleich aber die wichtigste Sache der Welt. Man könnte geradezu behaupten, dass sie die Grundlage unseres Gemeinwesens darstellt. Auf der anderen Seite des Tunnels würde man da wohl von so etwas wie Friedenssicherung sprechen, vielleicht aber auch – was allerdings bedauerlich wäre – von Verteidigungsbereitschaft, womit in nur allzu vielen Fällen eher so etwas wie Angriffsfähigkeit gemeint ist. An eben jener Stelle, an der man hinter dem Tunnel Kanonen, Gewehre, Bomben, Panzerwagen, Kampfflugzeuge, wenn nicht gar Giftgas einsetzt, bedienen wir uns unserer Palmwedel, die bekanntlich Friedfertigkeit symbolisieren. Man kann unseren Nachwuchs nicht früh genug mit diesen friedlichen Symbolwaffen vertraut machen. Sie tragen, wie Sie gewiss schon bemerkt haben werden, auch zu Ruhe und Friedlichkeit in unseren Klassenräumen, vor allem aber auch auf unseren Schulhöfen bei".

„Auch auf Ihren öffentlichen Straßen und Plätzen", konnte Hackloh da nur anerkennend hinzufügen, „ich habe das gestern Nachmittag schon staunend bemerkt."

„Das freut mich", war die Antwort, „und nun betrachten Sie bitte einmal die Gesichter der Schüler und Schülerinnen! Die verändern sich nämlich unter dem Einfluss der Palmwedel, die ihr Lehrer so unerhört einfühlsam vor ihnen bewegt." In der Tat. Mochten die Schülergesichter auch vorher schon ruhig und gesammelt gewirkt haben. Nun wirkten sie so, als spiegele sich auf ihnen eine tiefgehende Meditationserfahrung. Einige der Schüler, vor allem aber der Schülerinnen, sahen nun geradezu heiligmäßig aus.

„Was für eine Veränderung!" konnte Hackloh da nur staunend ausrufen, „ob die sich aber auch in den gewöhnlichen Alltag mitnehmen lässt?"

„Hoffen wir es. Das braucht zugegebenermaßen einige Zeit, einige Übung und nicht zuletzt guten Willen. Für letzteren haben wir Erwachsenen zu sorgen, sowohl innerhalb als vor allem auch außerhalb unserer Schulen. Doch auch wir können letztlich nicht ganz auf Erziehungsheime und – leider muss ich es zugeben – auf gefängnisähnliche Institutionen verzichten. Die dort angewandten Methoden allerdings unterscheiden sich von denen, die man jenseits des Tunnels anwendet, diametral. Auch das werde ich Ihnen zu gegebener Zeit vorführen, wenn Sie nichts dagegen haben."

„Was sollte ich dagegen haben, möchte ich doch vor allem lernen."

„Verständlicherweise, ist mir doch zu Ohren gekommen, dass Sie in Ihrem bisherigen Leben vorzugsweise – gelehrt haben. Und das auch noch gegen Bezahlung, also in enger Verbindung mit dem zu verachtenden Mammon. Gelehrt haben Sie also. Das ist mehr als nichts. Es ist lobenswert. Haben Sie aber vorher auch das für Ihre Lehre Notwendige gelernt?"

„Na ja", konnte Hackloh darauf nur antworten, „ganz ohne vorheriges Lernen ist auch bei uns ein Lehren nicht möglich. Auch der Lehrer, der immer noch so friedlich mit seinen Palmwedeln wedelt, muss das doch irgendwann einmal gelernt haben. Aber jetzt lehrt er doch gerade. Was ist daran so verwerflich?"

„Sollte ich mich wirklich irren, wenn ich der Auffassung bin, dass es dabei vor allem auf den Lehrstoff ankommt? Der nämlich kann verwerflich sein, kann beispielsweise Unfrieden, Unzufriedenheit, Neid, vor allem aber Raffgier wecken, vor allem dann, wenn er zu allem Überfluss auch noch mammonistisch belohnt wird. Oder sollte Letzteres etwa nicht auf, sagen wir einmal, ehemalige beamtete Professoren zutreffen, deren Lehrgegenstände und Fachgebiete manchmal zum Himmel stinken. Doch gegen deren Gestank hat man jenseits des Tunnels nur wenig einzuwenden. Im Gegenteil, man wirbt fleißig so genannte Drittmittel ein."

Vermutlich tat der ehemalige Professor Hackloh gut daran, zu diesen Bemerkungen seines Beraters zu schweigen. Das fiel ihm noch nicht einmal sonderlich schwer, hatte doch sein eigenes Fachgebiet, mithin auch seine eigene Lehre, immer nur vergleichsweise wenig gestunken, allerdings auch entsprechend geringe ‚Drittmittel' eingebracht.

Beim Verlassen des Klassenraums und der Schule schlug der Berater Folgendes vor:

„Da ich bemerkt zu haben glaube, dass Sie sich für die – wie Sie es jenseits des Tunnels nennen – „Delinquenzprophylaxe", mithin also die Verhütung von Verbrechen besonders interessieren, werden wir uns jetzt in eine der glücklicherweise nur wenigen entsprechenden Einrichtungen unserer Gesellschaft begeben. Wenn Sie mir bitte folgen wollten..."

Hackloh folgte nur allzu bereitwillig, schien sich ihm doch gerade auf diesem Gebiet die im Grunde unverständlichste Verhaltensweise der Welt hinter dem Tunnel offenbaren zu wollen.

„Ich sollte unserem gemeinsamen Gang durch das, was auch wir Verbrechensverhütung nennen, einige grundsätzliche Bemerkungen vorausschicken, schon allein deshalb, damit Sie uns nicht für blauäugig halten. Selbstverständlich teilen wir im Grundsatz die Auffassung, die auch jenseits des Tunnels üblich ist: Der Mensch hat sowohl die Fähigkeit als auch, leider häufig genug die Neigung zum Bösen, wenngleich diese Neigung sich glücklicherweise in aller Regel nur als eine eher vorübergehende erweist. Aber schon in diesem Punkt dürften unsere Meinungen auseinander gehen. Ganz entscheidend weit gehen sie aber in folgender Hinsicht auseinander: Wir gehen davon aus, dass jeder Mensch, und neige er auch im Augenblick noch so sehr dem Bösen zu, einen guten Kern in sich birgt. Den mag man religiös begründen, wie manche bei uns es tun. Man kann die Sache aber auch rein innerweltlich sehen, nichts als pragmatisch. Aus beiden Quellen speist sich das System unserer Verbrechensvorbeugung.

Es handelt sich um ein gestuftes System. Das ist schon insofern wichtig, als es uns ermöglicht, in der ersten Stufe das jeweilige Elternhaus mit einzubeziehen. Ist doch nicht zu leugnen, dass die Eltern von in Delinquenz Gefallenen normalerweise eine gewisse Mitschuld tragen. Das Jugendgericht wird folglich als Eingangsstrafe, wir nennen das jedoch ganz bewusst „Eingangs*behandlung*", einen längeren Hausarrest verordnen, bei dem die Eltern verbindlich dazu angehalten sind, nicht nur im Schlafzimmer des Übeltäters, möglichst am Kopfende seines Bettes, einen Palmzweig anzubringen. Auch die übrigen Gemächer der jeweiligen Wohnung sollten möglichst Palmzweige aufweisen. Sie haben ja bereits gesehen, welche Rolle diese Palmzweige im Schulunterricht spielen und welche seelische Veränderung sie in günstigen Fällen bewirken können. Unser Appell an den guten Kern in einem jeden Menschen setzt auf die Erinnerung dieser schulischen Grunderfahrung. In etwa achtzig Prozent der mir bekannten Fälle wird bereits durch das, was ich eben noch die „Eingangsbehandlung" genannt habe, der Zweck erreicht, und zwar auf einige Dauer."

„Und die zweite Stufe der Behandlung, wie sieht die aus?"

„Nun ja, in der zweiten Stufe müssen wir zwar auch nicht gänzlich auf die Mitwirkung der Eltern verzichten. Die wird nun aber deutlich eingeschränkt, werden die Eltern doch nur insoweit in die Behandlung einbezogen, als davon ausgegangen werden kann, dass auch sie letztlich durch die Behandlung profitieren, das heißt, am Ende der Behandlungsphase um jene entscheidenden Grade ihrer Erziehungsfähigkeit, die ihnen bisher gefehlt hat, bereichert worden sind.

Die zweite Phase sieht, kurz zusammengefasst, folgendermaßen aus: Wir weisen die Jugendlichen, in Grenzfällen auch schon die Kinder, in Anstalten ein, die man jenseits des Tunnels vermutlich eher als Krankenhäuser ansprechen würde, und zwar als solche der gehobenen Klasse. Jeder potentielle Übeltäter bekommt ein Einzelzimmer zugewiesen, gilt also sozusagen als „Privatpatient". Ein Patient ist er aber für uns auf alle Fälle, nämlich ein armer, bedauernswerter Mensch, der seine Fühlung mit dem

Guten in ihm verloren hat, zumindest zeitweise. Auch hier wiederum spielen Palmwedel eine gewisse Rolle. Noch wichtiger ist jedoch, dass dem Jugendlichen oder Kind der Eindruck vermittelt wird, ein bedauernswertes, nämlich ein – auf Zeit – krankes Wesen zu sein, dem man zur Gesundung verhelfen sollte. Man wird ihm Leckereien und Blumensträuße ans Bett bringen, gelegentlich auch den moralischen Puls messen (was immer das besagen mag. Die symbolische Bedeutung allein ist hier wichtig). Man wird die betreffenden Eltern veranlassen, mindestens dreimal in der Woche einen Krankenbesuch zu machen, der ebenfalls nicht ohne diverse Geschenke abgehen sollte und möglichst bewegende Beteuerungen des Bedauerns enthalten sollte. In aller Regel sind etwa achtzehn Prozent der noch übrig gebliebenen straffälligen Jugendlichen nach etwa drei Wochen im Krankenhaus so gut wie geheilt, ihre Eltern ebenfalls. Denn welcher gesunde Jugendliche erträgt es schon, längere Zeit von Erwachsenen bedauert zu werden, und das auch noch bei strenger und sorgfältig überwachter Bettruhe?"

„Und die resistenten Restexemplare? Was geschieht mit denen?"

„Hier gehen wir ganz besonders pragmatisch vor. Haben wir doch – wie Sie mittlerweile bemerkt haben dürften – in unserer Gesellschaft immer mit einem hohen Bedarf an Palmwedeln zu rechnen. Die müssen natürlich irgendwo her kommen. Nun ja, wir züchten sie in unseren drei Gewächshäusern am Rande der Stadt. Die resistenten Exemplare, wie Sie sie zu nennen beliebt haben, werden von uns auf etwa zwei Monate in eines der Gewächshäuser verbannt, in dem sie für die Pflege jener Palmen verantwortlich sind, aus denen wir unsere Palmwedel gewinnen. Man kann davon ausgehen, dass es sich dabei um eine nicht allzu leichte Arbeit handelt, eine Arbeit, die in ungewohnt schwülem und feuchtem Klima zu leisten ist. Man hat pausenlos zu begießen. Man hat zu beschneiden. Man hat das Gedeihen der Palmbäume sorgfältig zu verfolgen. Man hat schließlich die Palmzweige abzuschneiden und zu sammeln. Mit anderen Worten: Man ist etwa zwei Monate ausschließlich auf Palmbäume und die aus ihnen zu gewinnenden Palmwedel konzentriert. Wenn das nicht hilft! Es hilft immer."

Worauf Hackloh nur schweigen konnte. Anerkennend? Zweifelnd? Wir wissen es nicht und werden es voraussichtlich auch nie erfahren. Mit

Palmblättern, Palmen und Gewächshäusern hatte er in seinem bisherigen Leben nur wenig Berührung gehabt. Hinter dem Tunnel aber schienen sie geradezu eine Schlüsselbedeutung zu haben. Hackloh beschloss, vorläufig auch das hinzunehmen. Nur eine Frage gestattete er sich noch:

„Um welche Verbrechen handelt es sich bei Ihren Jugendlichen normalerweise, das heißt, um welche Neigungen zu welchen Verbrechen?"

„In der Regel handelt es sich – wie Sie sich wohl denken können – um indirekte Einwirkungen des jenseits des Tunnels üblichen Geldverkehrs. Ganz verborgen kann diese Untugend selbstverständlich auch auf unserer Tunnelseite nicht bleiben. So sind ja beispielsweise auch Sie, mein Herr, zu uns vorgestoßen und haben, wie ich von Ihrem Wirt erfahren habe, schon zweimal versucht, Scheckbuch, Kreditkarte und Geldbörse zu zücken, wo doch nichts anderes als eine Gegenleistung durch körperliche Arbeit von Ihnen erwartet wurde. So etwas spricht sich herum und mag den einen oder anderen Jugendlichen vom rechten Weg abbringen, trotz aller Palmwedel der Welt. Zumindest auf einige Zeit. Derartige Nachahmungstaten haben wir jedoch so strikt wie möglich zu unterbinden, ist doch die Ablehnung der bei Ihnen üblichen Geldwirtschaft ein Grundprinzip, nein eher wohl *das* Grundprinzip unserer Gesellschaft. Zumal auch andere, in Ihren Augen vermutlich gewichtigere Delikte sich unmittelbar aus der bei Ihnen üblichen Geldwirtschaft ableiten lassen: Mord, Totschlag, Raub, Diebstahl und so fort und so fort. Andere Verbrechen, beziehungsweise Gefährdungen bestehen in der Vorliebe für allzu grelle Farben, nicht zuletzt aber auch für allzu scharfe Gewürze, etwa für Pfeffer und Knoblochähnliches. Was aber den weiblichen, in der Regel vernünftigeren Teil unserer Jugendlichen angeht, so ist bei ihm leider gelegentlich mit einer gewissen Neigung zu Körperbemalung, etwa des Gesichts und der Lippen, zu rechnen. Wir können aber nicht zulassen, dass der eine sich allzu sehr vom anderen unterscheidet, schon gar nicht durch derlei Extravaganzen. Legen wir doch auf eine gewisse Gleichheit unserer Bürger großen Wert, und das aus guten Gründen."

„So könnte man also von so etwas wie – Sozialismus sprechen?"

„Unsinn. Man kann es schon allein deshalb nicht, weil uns alles Ideologische fremd ist. In unserer Gesellschaft hat keine Spielart der bei Ihnen grassierenden Orthodoxien Platz. Bei uns geht es ausschließlich um

Orthopraxis, um die rechte Lebenspraxis also. Was der Einzelne für wahr hält, geht uns nichts an. Wobei ich allerdings nicht verschweigen möchte, dass ich persönlich jene Mitbürger besonders schätze, die überhaupt nicht dazu imstande sind, irgendetwas insgeheim für wahr zu halten. Was natürlich nicht ausschließen muss, dass man stattdessen einiges für zumindest wahrscheinlich hält."

Hackloh beschloss glücklicherweise, auch zu dieser Bemerkung keinen Kommentar abzugeben. Stattdessen verfiel er wieder einmal in tiefes Nachdenken.

„Und die Kirchen? Ich habe doch mindestens zwei Kirchengebäude in Ihrer Stadt gesehen."

„Die stammen noch aus früheren und mithin düstereren, unaufgeklärteren Zeiten. Sie belasten uns aber so gut wie gar nicht mehr. Denn sie richten in der Regel keinen Schaden mehr an. Was aber die Geistlichen betrifft, wie Sie jenseits des Tunnels diese Mitmenschen wohl nennen würden, so haben die sich mittlerweile auf unsere Grundansicht eingestellt, dass es auf Praxis, nicht aber auf Theorie, auf ein rechtes Leben, nicht aber auf ein rechtes Glauben, etwa an überlieferte Dogmenbestände, ankommt. Wer sich darauf nicht einstellen kann, verlässt in aller Regel unsere Gemeinschaft und wendet sich der Welt jenseits des Tunnels zu. Weiß der Himmel, was dort aus ihm wird. Zu uns zurückgekehrt ist bisher niemand. Sollten wir nicht, damit Sie sich ein Bild machen können, wenigstens einen der drei Pfarrer besuchen? Es handelt sich um einen Fußweg von höchstens drei Minuten."

Der Pfarrer war ein bescheidener Mann. Dass man ausgerechnet ihn als ein Vorführ-Beispiel für das kirchliche Leben hinter dem Tunnel auserstehen hatte, war ihm sichtlich unangenehm. Aber er fügte sich auf unaufdringliche Weise in seine Aufgabe.

„Was genau wollen Sie wissen", fragte er.

„Eigentlich so gut wie alles, was mit dem hiesigen kirchlichen Leben zusammenhängt, also mit dem – sagen wir einmal – Gesamtphänomen ‚Religion'. Mein mich freundlich beratender Stadtführer hat mich gerade eben mit dem hiesigen Sektor ‚Schule und Erziehung' vertraut gemacht. Der Sektor ‚Religion' scheint diesem Sektor jedoch eng verwandt zu sein.

Gelegentlich dürfte er ihn, ob eher mittelbar, ob eher unmittelbar, sogar beeinflussen. So hat es vermutlich seinen Sinn, dass wir uns nun jenem Sektor zuwenden, für den Sie, Herr Pfarrer, zuständig sind".

„Von direkter Beeinflussung halten zumindest die Schulen nicht allzu viel. Diesen Aspekt sollten wir deshalb lieber aussparen. Was aber die Anrede mit „Herr Pfarrer" angeht, so sollte man sich die möglichst ebenfalls verkneifen, ist unsereiner doch vor allem ein Mitmensch und Bürger wie ein jeder andere. Das einzige, das ihn auszeichnet, ist sein besonderer, vielleicht sogar besonders eigenartiger Arbeitsbereich".

„Und wie ist der beschaffen?"

„So natürlich wie nur immer möglich. Selbstverständlich halte ich an jedem Sonntag einen Dienst ab, also das, was Sie jenseits des Tunnels ‚Gottesdienst' nennen. Ich verlese die verordneten Texte, wie es auch bei Ihnen drüben der Fall zu sein scheint. Wir sprechen gemeinsam Gebete. Am Ende spende ich der Gemeinde den Segen. Dabei bin ich mir bewusst, dass ich es bestenfalls stellvertretend für den tue, der allein segnen kann. Alles das ist Ihnen auch von jenseits des Tunnels bekannt, falls Sie zu den nur wenig zahlreichen Menschen gehören sollten, die dort drüben überhaupt noch in die Kirche gehen.

„Sie sagen es", warf Hackloh ein, „aber ich gehöre tatsächlich zu diesen nahezu ausgestorbenen Menschen, jedenfalls so ungefähr einmal im Monat."

„Dann wissen Sie auch, was eine Predigt ist. Wie sie unbedingt sein sollte, wissen Sie aber vermutlich nicht."

„Wie soll sie denn beschaffen sein?"

„Nun ja, einerseits streng auf ihren Text bezogen, andererseits aber auch auf Lebenserfahrung und alltägliche Lebensgestaltung der Menschen, an die sie sich richtet und – nach denen sie sich auszurichten hat. Ich gebe zu, dass es sich hier manchmal um einen nicht ungefährlichen Balanceakt handelt. Den aber haben wir unbedingt zustande zu bringen. Gelingt uns das nicht, haben wir unsere Pflicht verfehlt. Glücklicherweise ist die Gesellschaft auf unserer Seite des Tunnels so eingerichtet, das sie uns unsere Fehlleistung unverblümt und unvermittelt spüren lässt."

„Mit welchen Folgen?"

„Mit der Folge, dass wir unser Amt, unser Geschäft, unseren Beruf, oder wie immer Sie das nennen wollen, was wir in unserer Kirchengemeinde tun, sofort und klaglos aufgeben und uns einen anderen Wirkungskreis suchen. Das aber ist nicht allzu schwierig, gibt es auf unserer Seite des Tunnels doch keine Arbeitslosigkeit. Vor allem, wer lesen und schreiben kann, findet bei uns immer etwas ungefähr Angemessenes. Im Augenblick aber scheint das, was ich tue, das für mich tatsächlich Angemessene zu sein."

„Womit wir den Gottesdienst, also das, was man hierzulande ‚Dienst' nennt, abgehandelt hätten. Aber die Woche besteht doch auch bei Ihnen nicht ausschließlich aus Sonntagen. Womit beschäftigen Sie sich eigentlich an den sechs Wochentagen?"

„Mit dem Hauptteil meiner Aufgabe. Man hat Hausbesuche zu machen, hier zu helfen, dort Rat zu spenden und Einsamkeit zu mildern, insbesondere bei den Alten. Denn hierzulande hat man die Neigung, ungewöhnlich alt zu werden. Leider. Obgleich man glücklicherweise von Regierungsseite nun dabei ist, dem abzuhelfen. Denn es fragt sich doch sehr, ob ausgerechnet unsere Erde, auch die auf unserer Seite des Tunnels, es wert ist, achtzig, neunzig, hundert Jahre durchlebt zu werden. Ich selber wäre mit fünfundsiebzig Jahren mehr als zufrieden. Aber hier überschreite ich meine Fachkompetenz, gleichzeitig vermutlich aber auch die von der Regierung vorgesehene Altershöchstgrenze. Da fragen sie besser die nicht ganz untüchtigen Spezialisten unseres Gesundheitssystems. Das steht doch gewiss auch auf Ihrer Liste."

„So ist es", sagte Hacklohs Berater. Hackloh hörte es gern. Für Gesundheitssysteme hatte er sich immer schon interessiert, vor allem wohl deshalb, weil sie auf der ihm gewohnten Tunnelseite so selten zu seiner vollen Zufriedenheit funktionierten. Ob es sich damit auf der anderen Tunnelseite grundsätzlich anders verhielt? Doch hier galt es vorläufig einmal abzuwarten. War doch die Frage nach dem noch zu klären, was man auf der gewohnten Tunnelseite ‚die rechte Lehre' zu nennen, wenn auch kaum je zu beachten pflegt. Der Pfarrer schien ihn aber auch ohne Worte verstanden zu haben. Er sagte nämlich:

„Wenn ich mich nicht irre, so geht es Ihnen nicht zuletzt auch um das, was Sie drüben ‚Orthodoxie' nennen. Das Wort ist uns so gut wie unbekannt, geht es uns doch weit weniger, nein eigentlich so gut wie gar nicht um ein überliefertes, im Laufe der Jahrhunderte schriftlich fixiertes und seitdem nur überaus selten und nie gründlich genug in Frage gestelltes Lehrgerüst. Uns geht es um Leben und Lebensführung. Auch um Lebensführung durch den uns allen zugemessenen Tod hindurch. Oder sollten wir etwa vergessen haben, dass unser Herr und Meister – insofern wir Christen sind – uns vor allem vorgelebt hat und vorgestorben ist. Was ganz gewiss der wichtigste Teil seiner Lehre war, einer Lehre mittels Leben und Sterben, nicht ausschließlich durch Worte, geschweige denn einzelne Wörter. Mit Entsetzen erinnere ich mich an das Wort eines Ihrer Kollegen, soweit ich mich erinnern kann allerdings eines Philologen, glücklicherweise nicht eines Theologen. Dieses Wort wurde uns seinerzeit übermittelt und traf uns tief. Es lautete ungefähr so: ‚Wenn von der Lehre nichts mehr gilt, beziehungsweise geglaubt wird, bleibt uns immerhin noch der Kult‘ Der Kult! Als ob der, abgelöst von der Lehre – womit ich die Aufforderung zur Nachfolge verstehe – dann überhaupt noch einen Sinn hätte? Das allerdings nenne ich, leider muss ich das so hart formulieren, pure Abgötterei."

„Worin ich Ihnen uneingeschränkt zustimme", antwortete, diesmal recht spontan, der ehemalige Professor Hackloh.

„Unsere Predigten, unser gesamtes amtliches Dienen darf deshalb nicht nur aus Worten bestehen. Geht es doch um die Nachfolge des Herrn. Die aber findet im alltäglichen Leben statt und besteht zu einem nur ganz geringen Teil aus Worten. Ich neige dazu, Berufe, deren Ausübung vorwiegend aus Worten, geschweige denn aus Wörtern bestehen, für äußerst gefährlich zu halten. Sie dürften ohnedies schon bemerkt haben, dass beispielsweise auch unsere Lehrer weit lieber schweigen als reden, zumal das auch von ihren Schülern respektiert und hoffentlich eines Tages in den von ihnen gewählten Berufen einmal nachgeahmt wird. Allerdings gibt es auch bei uns vergleichsweise gefährliche Berufe. Zu denen würde ich persönlich alle Berufe innerhalb unseres Rechtssystems zählen, vor allem aber auch alle künstlerischen Berufe, nicht zuletzt den Beruf des Dichters und Schriftstellers."

„Diesen Berufen wenden wir uns auf unserem Inspektionsgang ebenfalls zu, so bald sie an der Reihe sind", warf der Begleiter ein.

„Abschließend möchte ich Sie, den ich nicht „Herrn Pfarrer" nennen darf, sozusagen zusammenfassend nur noch eines fragen: Sie legen also Ihren Berufsschwerpunkt auf ‚Nachfolge', mithin auf Orthopraxis, nicht auf Orthodoxie?"

„Die Begriffe vermeiden wir zwar. Im Übrigen aber stimme ich Ihnen zu", war die Antwort. Worauf man sich verabschiedete.

Die nächste Inspektionsstation würde nun die Universität sein. Es ist nur allzu verständlich, dass sich die Aufmerksamkeit des gewesenen Professors Hackloh angesichts einer derartigen, der ehemals eigenen vermutlich doch in Grundzügen verwandten Institution ganz besonders hoch spannte. Das ließ er sich jedoch vorläufig noch nicht anmerken, sondern stellte seinem Begleiter stattdessen noch einige eher praktische Fragen, und zwar solche, die er aus Gründen des Takts dem bescheidenen Pfarrer erspart hatte. Er tat es nicht ohne Bedenken, betrafen sie doch, wenigstens mittelbar, jenen Bereich, der hinter dem Tunnel geradezu in eine Tabu-Zone zu gehören schien, nämlich Finanzielles. Hackloh überwand seine Scheu und fragte zuerst einmal:

„Wovon lebt der Pfarrer eigentlich? Ein Gehalt kann er bei Ihnen doch schwerlich beziehen. Almosen kann er auch nicht sammeln, hätte das doch in Form von Geld zu geschehen. Sollte seine Kirche etwa über ertragreiche Liegenschaften verfügen? Gibt es vielleicht eine Art von Stiftung?"

„Nichts dergleichen. Es hat nur eines zu geben: Nachfolge des Herrn. Der hat bekanntlich auch nicht über Liegenschaften, Stiftungen, Opferstöcke und ein monatliches Gehalt verfügt. Der wusste nicht, wo er nachts sein Haupt betten konnte. Sie erinnern sich gewiss. Aber ich verstehe Ihren Zweifel. Immerhin leben wir hier ja – auch wenn wir glücklicherweise hinter dem Tunnel leben – auf der Erde. Nun ja, man behilft sich. Gelegentlich kommt das eine oder andere Gemeindeglied beim Pfarrer vorbei, leiht sich einen seiner Spaten aus und gräbt seinen Garten um. Ein anderer stellt ihm unbemerkt einen Topf Erbsensuppe auf den Küchentisch. Ein Dritter bemächtigt sich seiner schmutzig gewordenen Wäsche und wäscht sie so heimlich wie nur eben möglich, um sie ihm, möglichst nach dem Dunkelwerden, wieder in seine Wohnung zu legen. Wenn man unbedingt will, kann man auch so zurecht kommen. Wir aber wollen das unbedingt."

Da aber hatten sie die Universität auch schon erreicht. Sie erwies sich als eine Reihe von Rundbauten, die wie Keksdosen aussahen. Hatte Hackloh aber in deren Innerem so etwas wie Vorlesungstheater oder auch nur Seminarräume erwartet, so wurde er enttäuscht. Auch im Innern nämlich hatte man es mit runden Räumen zu tun, in deren Mitte jeweils ein älterer Herr saß, der einen nicht allzu großen Kreis von Studenten und Studentinnen, in einer Art Schneidersitz hockend, um sich geschart hatte. Seltsamerweise aber war in keinem der runden Räume auch nur ein einziger Laut zu hören.

„Hat nicht das, was wir akademische Lehre nennen, normalerweise auch mit Sprache zu tun, um nicht zu sagen, mit einem Lehrgespräch?" wagte Hackstroh seinen Mentor zu fragen.

„Jenseits des Tunnels mag das zwar so sein. Bei uns aber ist es anders. Sollen unsere Studenten doch vor allem das uns Menschen angemessene Verhalten lernen."

„So ist also so etwas wie Verhaltenspsychologie das Thema dieser Lehrveranstaltungen?"

„Keineswegs. Von Psychologie, welcher Richtung und Schule auch immer, halten wir nichts. Konzentrieren Sie sich bitte auf die Gesichter der Professoren, das heißt der Leute, die in der Mitte der einzelnen Kreise sitzen. Dann wird Ihnen etwas auffallen, das Ihnen auf Ihrer Tunnelseite noch so gut wie nie begegnet ist. Kommt es uns doch darauf an, einerseits Einsicht in unser Selbst, in unser Inneres zu gewinnen, andererseits aber – was im Grunde noch wichtiger ist – Zugang zu dem, was Sie drüben, wenn ich nicht irre, ‚Transzendenz' zu nennen pflegen. Um beides zugleich zu erreichen, wenden die Professoren jeweils ihr rechtes Auge nach Innen, während sie ihr linkes Auge himmelwärts richten. Ich möchte Ihnen nicht raten, das ebenfalls zu versuchen. Es dürfte Ihnen nämlich nicht gelingen. Schließlich haben die Professoren jahrelang meditierend zu üben gehabt, bis es ihnen eines Tages gelang. Auch jetzt noch verursacht es einigen von ihnen nicht geringe Kopf- und Augenschmerzen. Sie dagegen würde schon der geringste Versuch vermutlich aufs Krankenlager werfen, zumal wir stark schmerzlindernde Medikamente grundsätzlich nicht anwenden.

Was aber die Studenten und die wenigen Studentinnen angeht, die sich ebenfalls auf diesen schwierigen Lehrweg machen, so haben die selbstverständlich zuerst den einen Blick, den nach Innen, dann erst den anderen, den zur Transzendenz hin zu erlernen. Das geschieht bei jüngeren Dozenten, die bislang lediglich die jeweils eine oder die jeweils andere Blickrichtung beherrschen. Auf Ihrer Seite des Tunnels pflegt man da von ‚Akademischem Mittelbau' zu sprechen. Immerhin kann man damit rechnen, dass etwa die Hälfte der Kursteilnehmer eines Tages beide Blickrichtungen beherrscht und sich folglich für ein Professorenamt bewerben kann. Wer nicht Professor wird, und das sind die weitaus meisten, arbeitet dann in freier Praxis. Es geht uns nämlich darum, im Laufe der Jahre so weit zu kommen, dass ein nicht ganz geringer Teil unserer Bevölkerung beider Blickwendungen, wenigstens grundsätzlich, mächtig wird. Wenngleich nicht zu vermuten ist, dass allzu vielen unserer Mitbürger die zugegebenermaßen unbeschreiblich schwere Dauerbelastung durch beide gleichzeitig bewältigte Blickrichtungen zuzumuten ist. Hier wird man wohl abwechseln müssen. Ich gestehe, dass auch ich zu jenen Menschen gehöre, die sich abwechselnd des linken und des rechten Auges bedienen. Nur zu besonderen Gelegenheiten, zu denen ich hohe Feiertage zähle, bediene ich mich beider Augen und den ihnen zugeordneten Blickrichtungen.

Woraus sich übrigens ergibt, dass meine Hochachtung vor jenen Professoren, die Sie hier sehen, nahezu keine Grenzen kennt. Wer aber über eine der beiden Blickrichtungen nicht hinaus kommt, wird es nicht ganz leicht haben, einen angemessenen Arbeitsplatz zu finden, sieht man einmal davon ab, dass die nicht gerade sehr zahlreichen Transzendenzkundigen als Pfarrer in einer unserer Kirchen arbeiten können, die weit zahlreicheren Innenweltkundigen dagegen dazu neigen, Künstler, Musiker oder gar Literaten zu werden. Die sind schon eine Plage, kann ich Ihnen sagen! Aber mit diesem Thema sollten wir uns erst am Ende unserer Stadtführung befassen. Wer jedoch überhaupt nicht studiert hat und deshalb keine der beiden Blickrichtungen zureichend beherrscht, sollte sich einem soliden Handwerk zuwenden oder sich – was dann die allerletzte Rangstufe auf der Rangleiter unserer Berufe wäre – der Wirtschaft zuwenden.

„Wie aber sieht es mit der praktischen Verwertbarkeit der hier zu erlangenden Erkenntnisse aus? Muss ich doch gestehen, dass ich an dieser Stelle so gut wie hilflos bin."

„Was ich nur allzu gut verstehe, mein Herr. Gehen Sie doch von einer Rangordnung der Dinge und Werte aus, die ich, mit Verlaub zu sagen, für gänzlich unverantwortbar halte. Das kommt schon allein darin zum Ausdruck, dass an der Spitze Ihrer Rangpyramide ausgerechnet alles das steht, was mit Ökonomie, mit Wirtschaftswissenschaft und Wirtschaftpraxis zu tun hat. Vermutlich wissen Sie, dass es auch bei Ihnen über Jahrhunderte hinweg grundlegend anders war. Nun ist es aber leider so. Ihr Universitätssystem sollte sich schämen! Es ist nicht mehr ernst zu nehmen. Oder denken Sie etwa anders darüber?"

„Im Grunde seit einigen Jahren nicht mehr. Wenn ich auch dazu neige, hier etwas stärker zu differenzieren als Sie. Gibt es doch Fächer…"

„Zugegeben. Aber man ist doch seit Jahren dabei, sie langsam aber sicher auslaufen zu lassen, zumindest aber zu – ökonomisieren, so dass auch sie eines Tages in erster Linie auf Wirtschaft bezogen sind. Was aber wird dann aus den Menschen?"

„Mit Sicherheit nicht das, was Sie auf dieser Seite des Tunnels erwarten", warf Hackloh ein.

„Mit Fug und Recht erwarten, ja erwarten *müssen*."

„Ich widerspreche Ihnen nicht, möchte jedoch darum bitten, dass wir diese nun tatsächlich grundlegenden Fragen heute Abend in meinem Gasthof bei einer Flasche Wein möglichst zu Ende besprechen".

„Die Flasche Wein wird Ihnen vermutlich gar nicht einmal serviert werden. Wir verachten nämlich alkoholische Getränke, ebenso wie wir jeden Rausch verachten. So werden Sie sich wohl mit einem Glas Buttermilch, einer Flasche Traubensaft oder Mineralwasser zufrieden geben müssen. Was aber das ‚Möglichst-zu-Ende-Besprechen' angeht, so möchte ich bezweifeln, dass es angesichts dieser umfassenden, vor allem sowohl tief als auch hoch greifenden Themen überhaupt so etwas wie ein Ende geben kann."

„Das habe ich wohl zu akzeptieren", konnte Hackloh da nur sagen.

Er verkniff sich die abschließende Frage, wie es wohl mit der leiblichen Sicherung der Professoren, ihres so genannten Mittelbaus und dem gewiss nicht unerheblich zahlreichen Begleitpersonal der Universität bestellt sei. Vermutlich würde man auch ihnen allen gelegentlich den Garten umgraben, ihnen einen Topf Erbsensuppe auf den Küchentisch stellen, ihre Wäsche waschen, vielleicht sogar bügeln und was dergleichen Handreichungen mehr sind. Immerhin könnten sich zumindest die akademisch Lehrenden schon allein durch die Tatsache gestärkt, vielleicht sogar genährt fühlen, dass sie entweder zu ihrem eigenen Innenleben oder der Transzendenz (was immer das sein mochte), oder sogar beidem zugleich ein ungewöhnlich intimes Verhältnis hatten aufbauen dürfen. Das wäre schließlich mehr als wenigstens nichts. Hackloh neigte im Augenblick noch dazu, das für möglich zu halten. Aber sehen wir weiter zu. Ob sich diese Auffassung aber auf die Dauer durchhalten lässt? Der ehemalige Professor Hackloh musste zum ersten Mal seit längerer Zeit wieder einmal an seine nicht unbeträchtlichen Ruhestandsbezüge, nein sogar Emeritenbezüge denken. Mussten die doch, seitdem er nicht mehr zu Hause war, ein ganz nettes Sümmchen auf seinem Girokonto ausmachen.

Auf dem Weg zum nächsten Inspektionsziel konnte Hackpohl eine Frage nicht ganz unterdrücken, die ihm zwar schon in Gegenwart der Professoren und ihrer Studienkreise gekommen war, die er jedoch, vorwiegend wohl aus Gründen des Taktes, in diesen heiligmäßigen Hallen nicht zu stellen gewagt hatte. Er fragte also seinen Begleiter:

„Wie ist es denn eigentlich mit jenem Realitätsbezug bestellt, ohne den auch der gelehrteste Mann, geschweige denn die gelehrteste Frau, nicht ganz auskommt? Scheint doch der in Ihren Universitäten gelehrte, nein eher wohl doch vorgelebte Blick nach Innen und der Blick zur Transzendenz hin, also nach oben, den Blick nach vorn, hinten, rechts, links und vor allem auch unten ganz auszusparen. Sollten da nicht einige nicht unwesentliche Gefahren liegen? Schließlich müssen doch auch die Bürger auf Ihrer Seite des Tunnels sich in der alltäglichen Realität zurecht finden können. Oder irre ich mich da?"

„Keineswegs. Sie können sich selbst überzeugen. Sehen Sie sich doch die Passanten auf unserer Straße an. Laufen die etwa gegen Mauern? Stolpern die? Fallen die zu Boden? Sehen die etwa auf Ihnen ungewohnte Weise, sagen wir einmal, weltfremd, realitätsblind aus?"

„Eigentlich nicht, muss ich zugeben", antwortete Hackloh. „Doch bei der Erziehung, die sie genossen haben, müsste man es doch anders erwarten."

„Ich danke Ihnen, mein Herr, dass Sie mich, wenn auch nur indirekt, auf ein Versäumnis meinerseits aufmerksam gemacht haben, übrigens ein durchaus verständliches Versäumnis, legt unser Bildungssystem doch tatsächlich den Hauptschwerpunkt auf die Augen und deren zwiefache Blickmöglichkeiten. Ein anderes Gesichtsorgan dagegen kommt so gut wie gar nicht in unseren Bildungsprogrammen vor, obgleich es, wenn es um die praktische Bewältigung des Lebens geht, nahezu ebenso wichtig ist: unser Geruchsorgan, unsere Nase."

„Was Sie nicht sagen. Allerdings fällt es mir schwer, hier irgendwelche Zusammenhänge zu sehen."

„Es fällt Ihnen deshalb schwer, weil es so offensichtlich ist. Es sind nämlich ausgerechnet unsere Nasen, die so zielgerecht auf unsere Alltagswelt, auf die so genannte Realität also, bezogen sind, dass sie uns die Lösung so ziemlich aller Schwierigkeiten ermöglichen, vor die uns das tägliche (und nächtliche) Leben stellt. Zum Unterschied zu unseren Augen arbeiten jedoch unsere Nasen ohne jede Anleitung von außen, also spontan. Man braucht also für sie weder Professoren noch Lehrer. Sie, die Nasen, sind einfach da und tun ihre Pflicht, unablenkbar, unabgelenkt, Sie würden vermutlich sagen ‚intuitiv'."

Hackloh ertappte sich dabei, dass er an die eigene Nase fasste. Er hatte sie bisher, außer in Fällen hartnäckigen Schnupfens, nie für besonders wichtig gehalten. Während er allerdings von seinen Intuitionen – die bekanntlich eng mit seinen Rasier-Erfahrungen zusammenhingen – schon immer sehr viel gehalten hatte. Hatten die ihm doch so manche Entdeckung auf seinem Fachgebiet ermöglichen helfen. Ob man hier vielleicht doch umdenken sollte? Aber sein Begleiter fuhr auch schon fort:

„Gerade in Bezug auf unsere Geruchsorgane, auf unsere Nasen haben wir mit den erstaunlichsten Verschiedenartigkeiten zu rechnen, gibt es doch Adlernasen, Höckernasen, Stupsnasen, Himmelfahrtsnasen, Knollennasen, um nur einige wenige zu nennen. Selbstverständlich ist auch mit einer Vielzahl von Mischformen zu rechnen. Natürlich haben sich unsere Wissenschaftler auch dieser Problematik angenommen. Sie haben nämlich in harter vergleichender Arbeit Grundkategorien entwickelt, die es uns ermöglicht haben, nahezu sämtliche Nasenformen wissenschaftlich zuverlässig zu erfassen. Nicht nur das. Wir wissen seit einiger Zeit, welche Nasenformen auf welche Begabungen schließen lassen. So dass wir unseren Jugendlichen schon allein auf Grund der jeweiligen Nasenform bei ihrer Berufssuche hilfreich zur Seite stehen können. In aller Regel aber ist eine derartige Hilfe gar nicht erst nötig, führt doch der Geruchssinn, führt doch die Nase den Betreffenden fast automatisch zu dem für ihn geeigneten Ziel und Berufsfeld.

Womit wir im Grunde auch schon Systematik und Praxis unserer Berufsberatung skizziert hätten. Was aber sie, mein Herr, betrifft, so schlage ich Ihnen vor, dass Sie sich auf dem Wege zu unserer nächsten Station, dem Kreiskrankenhaus, einmal alle Ihnen begegnender Nasen betrachten mit dem Ziel, die Berufe der jeweiligen Nasenträger zu erraten. Ich bin sicher, dass Sie sich nur in ganz wenigen Fällen irren werden. Nun ja, Irrläufer und Unregelmäßigkeiten gibt es immer und in einer jeden Gesellschaft. Womit wir auch schon bei unserem Gesundheitssystem wären. Hier vor uns liegt unser Kreiskrankenhaus. Es ist kleiner, als Sie wohl erwartet haben, gibt es doch auf unserer Seite des Tunnels weit weniger Kranke als auf der Ihren. Über die Gründe sprechen wir noch."

Sie hatten kaum das Vestibül des Krankenhauses betreten, als auch schon ein gesetzter Herr auf sie zukam, der sich ihnen als Gesprächspartner anbot. Es sah ganz so aus, als sei er ein alter Bekannter des Hacklohschen Begleiters. Die beiden nickten sich zu. Es sollte sich denn auch zeigen, dass sie einander im Laufe des Gespräches auf geschickte Weise immer wieder die Bälle zuwarfen.

„Falls Sie annehmen sollten, dass ich einer der Ärzte dieses Hauses bin", begann der gesetzte Herr, „so irren Sie sich. Es ist auch kein Zufall, dass Sie in mir einen medizinischen Laien vorfinden, spielen doch Ärzte in unserem Krankenhaus nur eine untergeordnete Rolle. Wie denn auch die Kategorien ‚Krankheit' und ‚Gesundheit' bei uns nur eine untergeordnete Rolle spielen. Aber gerade dieser Umstand verschafft mir eine Schlüsselposition in der städtischen Krankenversorgung."

„Beachten Sie seine Nase", flüsterte der Stadtführer dem ehemaligen Professor Hackloh zu. „Die Nase allein sagt schon alles. Hier haben wir es nämlich mit einem Mann zu tun, der absolut sicher den Boden jeglicher Realität erschnüffelt. Darauf ist dieses Haus auch dringend angewiesen. Kommt es doch darauf an, wirkliche Krankheit von nur eingebildeter, wenn nicht gar bewusst vorgespiegelter zu unterscheiden." Mittlerweile hatte sich die anfangs nur geringe Lautstärke der Mitteilung des Stadtführers derart gesteigert, dass der gesetzte Herr jedes Wort verstehen und folglich ohne Mühe in das Gespräch eindringen konnte.

„Es dürfte Ihnen nur allzu bekannt sein", wandte er sich Hackloh zu, „dass auf Ihrer Seite des Tunnels ein im Grunde katastrophal großer Teil der so genannten Krankheiten, mithin auch der Krankenhausaufenthalte teils auf zweifelhafte bis verbrecherische Kreationen der Pharmaindustrie, teils auf Panikmache in ärztlichen Praxen, vor allem aber auch in den verschiedenen Medien, der Presse, dem Radio und dem Fernsehen verursacht wird. Auf diese Weise gelingt es der Wirtschaft, zu der ich auch große Teile der Ärzteschaft zähle, gewaltige Geldsummen umzuwälzen. Wer aber, außer der Wirtschaft, hat etwas davon? Hierzulande sehen wir uns mit aller gebotenen Skepsis jedes so genannte Krankheitsbild genauestens an, das uns in unserer Klinik begegnet. Manchmal handelt es sich beim Aufnahmewilligen einfach nur um die Sehnsucht nach einem behüteten Bett. Dem aber muss vorgebeugt werden. Wir beugen dem denn auch vor. Unerbittlich."

„Was aber geschieht mit den um Aufnahme Bittenden, die Sie letztlich dann doch aufnehmen?"

„Wir bringen Sie in einem unserer Krankenzimmer unter. Die aber sehen wesentlich anders aus als die Ihnen von jenseits des Tunnels gewohnten. Weisen diese Krankenhauszimmer, die man eigentlich wohl eher als Krankensäle bezeichnen sollte, jeweils mindestens fünfundzwanzig Betten auf. Als äußersten Luxus sehen wir verschiebbare Vorhänge zwischen den einzelnen Betten vor. Ausnahmsweise und nur mit meiner persönlichen Genehmigung, die ich nur in außergewöhnlich schweren und deshalb auch einigermaßen glaubhaften Krankheitsfällen gestatte. Gehen wir doch davon aus, dass einer Erkrankung im Regelfall eine Verschuldung zugrunde liegt, auf unserer Seite des Tunnels selbstverständlich keine Verschuldung eines Pharmakonzern, einer gierigen Ärztemeute, einer Apothekenkette oder irgendeines Publikationsmediums. Diese Einflüsse gibt es bei uns bekanntlich nicht. Da aber irgendeine Vorschuld logischerweise vorliegen muss, kann nur der jeweilige Kranke selber auch der Schuldige sein."

„Sie muten mir wahrhaftig so einiges zu", konnte Hackloh da nur sagen.

„Das ist mir klarer als klar. Aber Sie werden doch nicht von mir erwarten, dass ich mit der Wahrheit hinter dem Berg halte. Zumal die Erfolge unserer Auswahlverfahren beachtlich – und entsprechend kostensparend sind. Haben wir doch im vergangenen Jahr, statistisch gesehen, ziemlich genau achtzig Prozent der Aufnahmesuchenden abgewiesen, und zwar auf eine Weise, die uns im Nachhinein verdeutlicht hat, dass wir mit unserer Entscheidung voll im Recht waren. Es hat nur zwei Proteste mit anschließenden Gerichtsverfahren gegeben. Die aber sind, wie das ja auch zu erwarten war, zu unseren Gunsten entschieden worden. So etwas spricht sich rund und hilft uns bei künftigen Entscheidungen."

„Was aber geschieht mit den letztlich doch von Ihnen anerkannten Kranken?"

„Was soll schon mit ihnen geschehen? Sie werden selbstverständlich behandelt. Nur verstehen wir unter einer Behandlung nicht dasselbe, was Sie auf der anderen Seite des Tunnels verstehen. Wir bedauern unsere Patienten nicht. Wir machen ihnen von Anfang an klar, dass Krankheiten nicht unbedingt ausschließlich Krankheiten sind, sondern zum erheblichen Teil Folgen eines persönlichen Verschuldens."

„Zigarettenkonsum, obgleich es sich bei uns lediglich um Bio-Zigaretten handelt, unmäßiger Limonadengenuss, überhaupt Genuss jeglicher Art…", warf Hacklohs Stadtführer ein.

„Aber durchaus nicht nur das", fuhr der gesetzte Mann fort, „man hat auch eher psychische Ursachen zu bedenken. Obgleich wir von einer irgend gearteten Psychologie nichts halten. So ist etwa an ein ungebührlich starkes politisches Engagement zu denken. Das strapaziert die Nerven enorm und führt geradeswegs in irgendeine Krankheit. Dann aber ist auch an übertriebenen Ehrgeiz zu denken, der sich im und um den Beruf herum negativ auf Nerven und Gemüt auswirken könnte, auf Überschätzung der eigenen Person und ihres Leistungsvermögens und so fort und so fort. Der häufigste Krankheitsanlass liegt jedoch auf einem Gebiet, das Ihnen, mein Herr, durchaus vertraut sein müsste. Ist Ihnen doch nur allzu bekannt, dass auf der anderen Seite des Tunnels der platteste Mammonismus herrscht. Oder sollte ich besser Kapitalismus, Raubtierkapitalismus sagen? So manches davon schwappt leider, trotz aller unserer Vorsichtsmaßnahmen, zu uns hinüber. Einige unserer Bürger sind nicht zureichend moralisch gefestigt, sind schwach. Sie können das übrigens an ihrer jeweiligen Nasengestaltung recht zuverlässig erkennen. Ich jedenfalls erkenne es auf Anhieb, nicht zuletzt auch infolge meiner eigenen, ganz spezifischen Nase, die für jeden auch nur einigermaßen Fachkundigen den Schluss nahe legt, dass ich durch Mammonismus, Kapitalismus, Geldwirtschaft und Verführungen aller Art nicht korrumpiert werden kann."

„Ich gratuliere Ihnen dazu herzlich", warf Hackloh ein. Er hatte offensichtlich in irgendeinem nahezu vergessenen Winkel seines Gemüts einen traurigen Restbestand seiner ursprünglich einmal in reichem Maße vorhanden gewesenen einschlägigen Fähigkeit zur Ironie mobilisieren können. Darauf schien er sogar einen Augenblick lang stolz zu sein. Aber was besagte das schon? Zeigte sich doch, dass auf dieser Tunnelseite Ironie nicht nur keinen Platz hat, sondern auch nicht in Ansätzen erkannt wird, selbst nicht von einem Menschen wie dem gesetzten Herrn und seiner gewaltigen Spürnase.

„Und wie gedenken Sie derart schwierige Fälle zu heilen?"

„Durch Härte und Konsequenz. Andere Mittel helfen da nicht. Gelegentlich müssen wir zwar auch zur Verabreichung übel schmeckender, Bauchgrimmen und Durchfälle verursachender Substanzen greifen. Selbst Androhungen schmerzhafter Operationen, Amputationen oder Organtransplantationen kommen gelegentlich vor. Dabei hilft uns der Umstand, dass unsere Patienten in der Regel gar nicht einmal wissen, dass wir operatives Eingreifen grundsätzlich ablehnen. Sie lassen sich also ins Bockshorn jagen und können schon bald wieder entlassen werden. Geheilt entlassen oder wenigstens so gut wie geheilt. Jedenfalls dürfte dafür gesorgt sein, dass sie sich so bald nicht mehr um eine Krankenhausaufnahme bewerben werden. Der Mensch ist Gott sei Dank lernfähig."

„Das walte Gott", sagte Hackloh. Was hätte er auch anderes dazu sagen können? „Aber es gibt doch auch unbezweifelbar ernste Fälle, etwa solche, in denen es um Leben oder Tod geht."

„Selbstverständlich gibt es die. Es ist nur sehr die Frage, wie man mit ihnen umgehen soll. So halten wir auf unserer Seite des Tunnels nur wenig von einer unnötigen Lebensverlängerung. Wenngleich ich das in gewisser Weise einschränken muss. Bis zum Alter von etwa fünfundzwanzig Jahren geben auch wir uns einige Mühe, das entsprechende Leben zu verlängern. Entsprechende Mühe. Allerdings gebe ich zu, dass wir dabei nicht zuletzt auch die jeweilige Nasengestaltung, also die je gegebenen Fähigkeiten, mit anderen Worten die mögliche gesellschaftliche Nützlichkeit des betreffenden jungen Menschen in unsere Entscheidung einfließen lassen."

Der ehemalige Professor Hackloh nahm angesichts dieser Äußerung allen ihm noch verbliebenen Mut zusammen und sagte:

„Sie haben zu Beginn unseres Gespräches von Raubtierkapitalismus gesprochen, vermutlich sogar mit gewissem Recht. Handelt es sich aber bei dem, was Sie gerade ausgeführt haben, nicht um eine Art von – Raubtiermedizin?"

Es war deutlich wahrzunehmen, dass dem gesetzten Herrn die untere Kinnlade herunter klappte. Seine Spürnase zitterte. Seine Nüstern bebten. Mochte man auch auf seiner Seite des Tunnels Heuchelei und Höflichkeit nicht kennen, mochte man stattdessen Wert auf äußerste Direktheit und Ehrlichkeit legen, derartiges war ihm noch nie begegnet. So beschränkte er sich darauf, sich flüchtig zu verbeugen und mit den Worten „Damit ist unser Gespräch wohl zu Ende" den Raum zu verlassen. Hacklohs Begleiter nahm es reichlich bekümmert wahr. Die beiden verließen das Vestibül des Krankenhauses, ohne auch nur einen einzigen Krankensaal, geschweige denn einen Arzt oder eine Krankenschwester zu Gesicht bekommen zu haben.

„Das nenne ich einen ungastlichen Ort", konnte Hackloh da nur sagen. Es tat ihm ausnehmend Leid, feststellen zu müssen, dass sein Begleiter sich nun sichtlich grämte.

„Was aber haben Sie denn erwartet?" fragte der. Hat man sich doch damit abzufinden, dass man eine diametral unterschiedliche Auffassung zum unstreitig lästigen Phänomen ‚Krankheit' einnehmen kann. Die geltende

Auffassung auf unserer Seite des Tunnels hat jedenfalls dazu geführt, dass wir nur vergleichsweise wenige Kranke und, was vermutlich noch weit wichtiger ist, nur wenige Alte haben."

Was aber sollte Hackloh vor allem von Letzterem halten, da er ja selber eigentlich schon alt und nur in seiner höchst subjektiven Selbsteinschätzung so etwas wie jünglinghaft war? In einem Anflug von Weisheit verzichtete er darauf, irgendetwas davon zu halten. Wollte er sich doch das einigermaßen positive Bild der Gesellschaft hinter dem Tunnel, das er bis zur Inspektion des Krankenhauses gehabt hatte, nicht ganz verderben lassen. Aber auch sein Begleiter gab sich alle erdenkliche Mühe, kein Zerwürfnis aufkommen zu lassen. Während sie auf dem Weg zur nächsten Inspektionsstation, einem Sportplatz, waren, dozierte er vor sich hin. Denn auch ihm war inzwischen klar geworden, dass man einen wenn auch nicht allzu wichtigen Aspekt des öffentlichen Gesundheitswesens noch gar nicht berücksichtigt hatte, nämlich die Ärzte, dann aber auch die Apotheker.

„Sie sollten nicht vergessen, mein Herr, dass es außer den Krankenhäusern auch frei praktizierende Ärzte gibt. Auch einige Apotheken gibt es bei uns. Allerdings führen die fast ausschließlich nahezu harmlose Naturheilmedikamente. Wofür allerdings so einiges spricht. Und die Ärzte, na ja. Unser Gesellschaftssystem hat immer Wert darauf gelegt, diese Sorte Mensch nicht ins Kraut schießen zu lassen. Kann man doch damit rechnen, dass die Krankenzahl exakt proportional der Ärztezahl steigt.

Die Welt auf Ihrer gewohnten Seite des Tunnels liefert dazu die besten Beweise. Ganz davon zu schweigen, dass ausgerechnet der Berufsstand der Ärzte eine besonders enge Verbindung zu Mammonismus und Geldwirtschaft pflegt. So haben wir uns daran gewöhnt, dass man unsere nicht gar so zahlreichen Ärzte sorgfältig beobachtet und kontrolliert. Bisher ist denn auch noch kein Unheil geschehen. Wenn man von einer mittelgroßen Grippewelle einmal absieht, die uns vor etwa drei Jahren heimgesucht hat. Den in diesem konkreten Fall Schuldigen haben wir allerdings bis heute nicht ermitteln können. Es dürfte sich wohl um einen unserer unzuverlässigeren Ärzte handeln. Denn die gibt es auch bei uns, leider. Gucken Sie sich einmal deren Nasen an. Die besagen schon alles."

Hackloh beschloss, auch dazu zu schweigen. Ob er mit dem hintertunneligen Gesundheitssystem schon so gut wie geistig fertig geworden war?

Mit ihm abgefunden hatte er sich jedoch keineswegs. Im Gegenteil. Hier hatte man wohl eher von einer bewusst angesetzten Verdrängungsleistung zu sprechen. Da man aber auf dem Weg zu einem Sportplatz war, konnte Hackloh, wie er vermessenerweise glaubte, wenigstens davon ausgehen, dass man nun zu gesünderen, wenigstens aber zu gesundmachenderen Institutionen vorstoßen werde. Er war zwar selber kein Sportler. Noch nicht einmal ein Fan irgendeiner Sportart. Über die überwältigend starke Rolle des Sports auf der ihm angestammten Seite des Tunnels war er bestenfalls durch Presse und Massenkommunikationsmittel informiert, und das auch nur notdürftig. Im Grunde hatte ihn das sportliche Getue, vor allem aber das allgemeine Buhei, das man mit sportlichen Koryphäen zu treiben pflegte, häufig genug abgeschreckt. Nun aber, nachdem er den offensichtlich gesundheitsschädlichen Charakter, vor allem aber auch den unglaublich hartherzigen Umgang mit allem, was krank war oder zu sein schien, kennen gelernt hatte, war er bereit, dem Sport und dem, was er Leibeserziehung zu nennen pflegte, denn doch einen, wenn gewiss auch nur begrenzten, Stellenwert einzuräumen. Aber da war man auch schon am Ziel.

Der Sportplatz sah nicht gerade großartig aus. Es gab eine Aschenbahn beträchtlichen Alters. Einige Hürden standen irgendwo herum. In der Mitte befand sich ein nicht allzu großer, kaum gepflegter Rasenplatz, an dessen beiden Enden zwei Tore standen. Die boten einen recht verlassenen Eindruck. Fußballtore? Handballtore? Hockeytore? Hackloh war sich nicht sicher. Sportliche Unterschiede der feineren Art hatte er nie bewusst wahrgenommen. Im Hintergrund schien es auch so etwas wie einen leider etwas verwitterten Tennisplatz zu geben. Das Netz war einigermaßen zerschlissen.

‚An einen Golfplatz scheinen diese Leute glücklicherweise nicht gedacht zu haben', murmelte Hackloh in sich hinein. Hatte er doch für diese Sportart, die er für ausgesprochen snobistisch hielt, immer nur Spott übrig gehabt. Verständlicherweise. War er doch als Professor und Fachkapazität in gewissem Sinne ein Intellektueller. Was aber haben ausgerechnet Intellektuelle auf Golfplätzen zu suchen? Ganz davon zu schweigen, dass Golfplätze häufig zugleich Handelsplätze sind. Man macht dort Geschäfte, schließt Verträge ab, beziehungsweise man bereitet sie gesellschaftlich vor.

Geschäfte und Verträge, mithin auch Golftourniere haben also, wenigstens mittelbar, mit dem schnöden Mammon zu tun. Der aber ist glücklicherweise jenseits des Tunnels verpönt. Aber da begann Hacklohs Begleiter auch schon zu dozieren.

„Wie Sie sehen, ist dieser Sportplatz so gut wie leer. Dabei haben wir doch die günstigste Tageszeit, das bestmögliche Wetter. Nun ja, da hinten läuft irgendein Junge herum. Was der hier wohl sucht? Gucken Sie sich einmal seine Nase an. Dann wissen Sie schon alles."

„Leider wendet er mir im Augenblick den Rücken zu", konnte Hackloh darauf nur antworten. „Aber vielleicht dreht er sich gelegentlich um. Haben doch Sport und Spiel so einiges mit Bewegung zu tun." Sollte sein Sinn für Ironie und Spott sich etwa inzwischen von den Strapazen des Krankenhausbesuches erholt haben?

„Wir messen dem Sport und überhaupt der Leibeserziehung keine allzu große Bedeutung bei, hat sie doch allzu viel mit Zeitvertreib zu tun. Eine Gesellschaft, die auf ein Finanzsystem, also auf Geldwirtschaft verzichtet, ist nun einmal auf praktische, nicht zuletzt auch körperliche Arbeit aller ihrer Glieder angewiesen. Weshalb sollte eine Körperertüchtigung, die mittels eines Tennisschlägers möglich ist, nicht auch mittels eines Spatens oder eines Hammers, wenn nicht gar einer Sichel möglich sein? Mit spürbaren, und zwar positiven Folgen für uns alle. Während sportliche Leistungen, mit welchen Hilfsmitteln und nach welchen Regeln auch immer erbracht, in dünne Luft verpuffen. Was aber noch weit schlimmer ist: sportliche Koryphäen werden nur allzu leicht übermütig, sammeln so genannte Fans um sich und verfallen auf diese Weise dem charakterlichen Niedergang. Der wiederum leicht dazu führt, dass sie dem Mammonismus verfallen und auf Ihre Seite des Tunnels auswandern. Dort nämlich scheint man ihnen unflätige Geldsummen in den Rachen zu schmeißen, was ihren Niedergang noch weiter fördert.

Nun haben wir diesen Sportplatz jedoch bereits vorgefunden, als wir an den endgültigen Ausbau unserer hintertunneligen Gesellschaft gingen. Da einige jüngere, verblüffenderweise aber auch einige ältere unserer Mitbürger ihre alten Sportgewohnheiten nicht ganz ablegen wollten, haben wir sie vorerst einmal gewähren lassen. Wie Sie sehen, scheint diese Übergangsphase aber nun fast abgeschlossen zu sein. Sieht man von dem einen Jungen da hinten einmal ab, der es offensichtlich nicht lassen kann und – da ist doch tatsächlich auch noch ein ältliches Individuum aufgetaucht, einer von jenen Männern, die sich für jung halten, obgleich sie doch schon seit einigen Jahren in die Gruppe der Alten gehören. Sie kennen dieses Phänomen ja aus eigener Erfahrung…" Das war mutig, alles andere als höflich, aber wieder einmal geradeaus gesagt. Hackloh hätte sich nun eigentlich an seine eigene Nase fassen müssen. Aber er verzichtete wohlweislich auf diese verräterische Geste.

„Was mich an die Künste, die Literatur, die Musik, aber auch, ja besonders eindringlich, an das Theater, also an die darstellenden Künste erinnert. Verhält es sich mit denen doch ähnlich wie mit Sport und Leibeserziehung. Sie tragen bestenfalls mittelbar zur Kultur unserer Gesellschaft bei. Einigen von ihnen, beispielsweise den darstellenden Künsten, die zudem höchst aufwendig sind, haben wir bereits seit Jahren ihre Wirkungsmöglichkeiten so gut wie ganz verstellt. Ich werde Ihnen gleich das Grundstück zeigen, auf denen unser Theater, übrigens eine Dreispartenbühne, einmal gestanden hat. Mit der Musik und dem mit ihr verbundenen Konzertwesen sind wir zwar um einige Grade pfleglicher umgegangen. Aber wir legen großen Wert darauf, dass auch diese Dinge nicht ausufern, das heißt, nicht ins gänzlich Unnütze ausweichen. So sind beispielsweise rhythmisch gesungene Lieder, mit denen man die tägliche Arbeit in Garten und Feld, aber auch in einer unserer kleinen Fabriken begleitet, selbstverständlich wünschenswert. Manche Melodien mögen auch tröstlich sein und unseren Bürgern über jene Trauersituationen hinweg helfen, die nicht immer ganz zu vermeiden sind. So gibt es bekanntlich Todesfälle, Begräbniszeremonien und dergleichen. Vor allem aber gibt es auch das im Grunde vermeidbare Phänomen des – Liebeskummers. In allen jenen Fällen und in mannigfachen anderen mögen Musik und Gesang durchaus hilfreich sein. Aber man sollte auch hier jeden Starkult vermeiden, jede Ansammlung von so genannten Fans und dergleichen. Auch Musik hat letztlich der Arbeit zu dienen, nicht dem Genuss, der Erbauung und der Tröstung. Aber da stand man auch schon vor jenem Grundstück, auf dem sich der vermutlich einmal recht stattlich gewesene Theaterbau befunden hatte.

„Sie sehen es: gähnende Leere", dozierte der Begleiter. „Selbstverständlich hätten wir hier schon längst wieder bauen können, handelt es sich doch, wie Sie es dort drüben wohl nennen würden, um ein ausgesprochenes Filet-Grundstück. Aber wir haben bewusst auf jede Bebauung verzichtet, eignet sich doch das leer bleibende Grundstück glänzend dazu, einem jeden Bürger mitzuteilen, wie unnütz, nein geradezu schädlich die darstellenden Künste sind." Hackloh wandte sich ab. Sein eigenes Verhältnis zu den darstellenden Künsten war immer schon stark differenziert gewesen, hatte sich zudem im Laufe seines Älter- und dann verblüffenderweise wieder Jüngerwerdens gemächlich verändert.

So hatte beispielsweise das Schauspiel in seiner Jünglingszeit für ihn eine beträchtliche Rolle gespielt. In seiner Reifezeit, die zugleich seinen wissenschaftliche Höhepunkt bezeichnete, war das Interesse freilich abgeklungen, schon allein deshalb, weil er nun jede Minute des Tages für seine Arbeit brauchte. Seitdem er sich aber wieder so gut wie jünglinghaft fühlte, brach das alte Interesse aufs Neue durch, wenngleich vorläufig nur recht zaghaft. Für Oper und Operette allerdings hatte er immer schon bestenfalls Spott übrig gehabt, obgleich er hochmusikalisch war und sogar Geige spielte. Vor allem die Wagnerschen Mythengebäude und chromatischen Musikschluchten ließen ihn schaudern. Ganz ohne Verständnis war er also für die radikale Handlungsweise der Gesellschaft auf dieser Seite des Tunnels nicht. Aber …"

„Nun wäre allerdings auch die andere, die sozusagen leichtere Seite der darstellenden Künste, vor allem auch in der Musik zu bedenken", fuhr Hacklohs Begleiter auch schon fort. „Hier aber wird es dann geradezu gefährlich, sind doch gelegentlich Entrückungsphänomene, vor allem bei halbwüchsigen Mädchen, die sich Fans nennen, die Folge. Die Fan-Kultur wuchert, wenn man keine Zügel anlegt, schon bald überall. Vernunft ist dann nur allzu bald im Eimer. Wer aber wird das verantworten wollen?"

„Ich jedenfalls nicht", wagte Hackloh da einzuwerfen, hatte er doch bei seiner eigenen Tochter einige Zeit derartige Verzückungs- und Entrückungsphänomene hautnah erlebt, während sein Sohn sich monatelang mit seiner Gitarre und seinem Schlagzeug dröhnend abgab. Nicht auszuhalten war das, vor allem aber auch zeitraubend. Wo es im Leben doch weit wesentlichere Dinge zu besorgen gibt. Oder etwa nicht? Doch da mag man verschiedener Auffassung sein.

„Wobei zusätzlich zu bedenken wäre, dass derartige Phänomene die Neigung haben, in so etwas wie eine Disco-Kultur einzumünden. Ein geordneter Gesellschaftstanz mag ja noch hinnehmbar sein, wenngleich zumindest der Tango schon hart an der Grenze des zu Erlaubenden liegt. Aber das Gehoppel und Gewackele, das heutzutage bei Ihnen da drüben üblich zu sein scheint... Können Sie, mein Herr, das eigentlich für vertretbar halten?

Zumal dabei Alkoholismus- und Drogenprobleme nicht zu vermeiden sind. Wir pflegen hierzulande äußerstenfalls so etwas wie die anthroposophische Eurythmie. Die schafft innere und äußere Ordnung, vor allem aber innere, die ja wiederum für äußere sorgt. Von Drogenproblemen, auch nur Drogenversuchungen ist sie glücklicherweise weit entfernt. Ob Sie mir da zustimmen können?"

„Mit Einschränkungen ja", antwortete Hackloh. Der hatte selber zu seiner Zeit eine Waldorfschule besucht, wusste also über deren Möglichkeiten, aber auch Grenzen gut Bescheid. Was den Tango angeht, so hatte er den allerdings immer für eine besonders schöne, allerdings auch in erotischer Hinsicht besonders reizvolle Tanzart gehalten. Sie aber auch selber wenigstens einigermaßen zu beherrschen, war ihm jedoch nie gelungen. Obgleich er in seinem langen Leben dreimal eine Tanzschule besucht hatte. Ohne messbares Ergebnis.

Angesichts des nunmehr leeren Theater-Grundstücks fiel ihm jedoch eine Erfahrung ein, die er einmal am Ende seiner eigentlichen Jugendzeit gemacht hatte. Da seine Mutter eine Berufsmusikerin gewesen war, sein Vater ein Schriftsteller, wenngleich bescheideneren Zuschnitts, hatte er hier und da auch Verbindungen zur Theaterwelt, mithin zu Schauspielern und Schauspielerinnen gehabt. Einige Male hatte er sogar als Statist auf der Bühne gestanden. Vor allem die Proben hatten ihn dabei beeindruckt, allerdings vorwiegend negativ, ließen sie doch in geradezu schamloser Weise die offensichtliche Eitelkeit des darstellenden Personals zutage treten, die Eitelkeit und den – Neid.

‚Derartiges ist mir später im Leben nur noch in der Universität und da vor allem in meiner eigenen Fakultät begegnet', murmelte Hackloh in sich hinein. ‚Ob es sich auch dort um ein darstellendes Gewerbe handelt? Um ein Gewerbe aber auf jeden Fall. Das Wort Wissenschaft ist mir da zu schade.' Damit hatte Hackloh wohl doch gelinde übertrieben. Er rief sich also zur Ordnung, indem er noch einmal an seine Nase fasste.

„Was aber die Plastik angeht", fuhr sein Begleiter fort, „in gewissem Sinne auch die Malerei, wobei wir den so genannten ‚Erweiterten Kunstbegriff' hier einmal ignorieren wollen, so legen wir hierzulande Wert darauf, dass unser überliefertes Menschenbild nicht ungebührlich gestört wird. Verzerrungen und dergleichen lehnen wir ab. Vor allem gegenüber jeglicher Plastik sind wir skeptisch, besteht doch immer die Gefahr, dass die Darstellung des Menschen in der Plastik auf den lebendigen Menschen in einer Weise einwirkt, die dazu beiträgt, dass er sich in seinem häufig nur allzu menschlichen So-Sein vergisst. Hier hat äußerste Vorsicht zu walten. Wir haben denn auch auf den Bau eines Kunstmuseums wohlweislich verzichtet."

Hackloh fühlte sich an so einiges aus seiner frühesten Jugend erinnert. Er äußerte sich vorsichtshalber aber diesmal nicht, musste sich aber eingestehen, dass seine anfänglich vorwiegend positiven Gefühle gegenüber der diesseitigen Tunnel-Gesellschaft dabei waren, langsam aber sicher zu schwinden. Als dann aber sein Begleiter zu allem Überfluss auch noch Folgendes von sich gab, war er geradezu entsetzt. Sein Begleiter sagte nämlich dies:

„Man hat vor einiger Zeit in einer unserer Zeitungen berichtet, dass eine Frau auf Ihrer Seite des Tunnels angesichts eines Picasso-Gemäldes in hysterische Zuckungen verfallen sei, um letztlich als ein weibliches Wesen zurück zu bleiben, das selber nicht mehr wusste, wo Nase, Mund und Augen saßen. Ihre Mitmenschen sollen sie ebenfalls als menschliches Zerrbild erlebt und folglich in ein Irrenhaus eingewiesen haben. Über ihren weiteren Krankheits-, beziehungsweise Kunstverlauf ist mir leider nichts bekannt", fügte er hinzu.

„Mir auch nicht", konnte Hackloh da nur sagen, „zumal sich Ihr Zeitungsbericht vermutlich auf eine schlecht gemachte Mythe gründet, also nicht ganz ernst zu nehmen ist."

„Wie Sie meinen, mein Herr", erwiderte der Begleiter. Dem war anzumerken, dass er sich seiner Aufgabe nur allzu gern entledigt hätte. Denn der Klimawechsel, der sich in Hacklohs Gemüt vollzogen hatte, war auch beim besten Willen nicht zu übersehen.

Sollte er jedoch davon ausgegangen sein, dass ausgerechnet die Erörterung der eigentlich doch – jedenfalls in seinen eigenen Augen – harmlosesten, da nämlich vergleichsweise unspektakulär daherkommenden Form künstlerischer Betätigung, nämlich der Belletristik, der manchmal Schönen, manchmal gewiss auch eher unschönen Literatur nämlich, so gut wie problemlos sein werde, so hatte der Begleiter sich gründlich geirrt. Was sogar zu verstehen ist. Kann man doch davon ausgehen, dass heutzutage kaum jemand mehr liest. Nun war aber der ehemalige Professor Hackloh nicht irgendein Jemand. Das hätte sein Begleiter eigentlich wissen müssen. Er sollte es erst im Laufe seiner langwierigen, aber durchaus nicht ganz undifferenzierten Erörterung erfahren. Was ihn denn auch gegen deren Ende hin zusehends vorsichtiger machte.

„Ich sage Ihnen wieder einmal etwas, das ich eigentlich nicht preisgeben dürfte, da es der Geheimhaltung unterliegt. Ich bin jedoch so gut wie sicher, dass Sie mich nicht verraten werden, sind Sie doch ein Ehrenmann."

„Ich gehe mit Freuden davon aus, dass Sie Recht haben", antwortete Hackloh. Man kann wohl behaupten, dass er auf das, was nach dieser Ankündigung wohl folgen würde, sehr gespannt war. Umso enttäuschter war er über die eher allgemeinen Einführungsworte, die er nun von seinem Begleiter zu hören bekam. Schienen die doch nur wenig der Geheimhaltung Bedürftiges zu enthalten. Oder etwa doch? Sein Begleiter begann nämlich folgendermaßen:

„Auch wir halten die Belletristik für eine der wichtigsten Sektoren der Kunstausübung im weitesten Sinne. Womit ich allerdings nicht auf irgendwelche literarischen Qualitätsmerkmale anspiele, jedenfalls vorläufig noch nicht. Worauf es mir vorläufig nahezu ausschließlich ankommt, ist lediglich der Umstand, dass sich Geschriebenes und Gedrucktes nur allzu leicht durch unsere beiden Tunnel in unser Land hineinschmuggeln lässt. Dramatische Darbietungen, geschweige denn Opern, Operetten und dergleichen bedürfen, wie Sie gewiss zugeben werden, einer umfangreichen Bühne und noch weit umfangreicheren Personals. Das schmuggelt so leicht keiner zu uns hinein. Während die gedruckte oder auch nur mit der Hand geschriebene Literatur…

Sie werden unschwer verstehen, dass wir deshalb eines Zensors bedürfen, darüber hinaus aber auch einer zumindest in Grundzügen literarisch gebildeten Grenzwacht. Beides haben wir denn auch. Von der Grenzwacht schweige ich lieber. Der zentrale Zensor aber bin ich selber. Dieser Umstand wiederum hat dazu geführt, dass ich über eine in unserem kleinen Land vermutlich einzigartige Kenntnis dessen verfüge, was sich bei Ihnen da drüben heute Literatur nennt. Meine intime, wenn auch stark mit Skepsis durchtränkte Literaturkenntnis dürfte sich vermutlich sogar mit der Ihren messen können, wenngleich bis heute noch niemand daran gedacht hat, auch mich mit wenigstens einem einzigen Ehrendoktorhut zu bedenken. Nun ja, der würde dann ja auch der Geheimhaltung allzu abträglich sein.

Meine zensierende und abschottende Arbeit hat sich selbstverständlich vor allem an den sozialen und kulturellen Verhältnissen in unserem Land hinter dem Tunnel zu orientieren, sowohl an den gegebenen als vor allem auch an den unbedingt zu verhütenden. Ich mag zwar wissen, um nur ein Beispiel zu nennen, dass es außerhalb der beiden Tunnel so etwas wie frühe Nationalepen gibt, oder besser wohl Epen, die man irgendeinmal zu Nationalepen ernannt hat. Unsere Nation jedoch hat nichts dergleichen zu bieten, wünscht es auch nicht. Sind derartige Epen in aller Regel doch reichlich waffenklirrende Machwerke. Was ihrer Schönheit, geschweige denn ihrer Erhabenheit keinen Eintrag tun muss. Ich vermag sie durchaus zu genießen. Ich als Person, als private Person. Als Zensor dagegen muss ich darauf achten, dass nichts Derartiges durch unsere Tunnel zu uns dringt. Ganz davon zu schweigen, dass wir uns ältere Sprachstände, etwa aus dem Bereich des Mittelhochdeutschen, hierzulande nicht leisten können, setzen sie doch entweder ein Spezialstudium oder aber Übersetzungen in den heutigen Sprachstand voraus. Wir aber haben andere Sorgen. Aber lassen wir die mittelalterliche und die frühneuzeitliche Literatur ruhig da, wo sie offensichtlich hinzugehören scheint, in Ihren Universitäten und deren literatur- oder auch sprachgeschichtlichen Seminaren. Sehen wir uns stattdessen die in unserem Lande gegebenen Literaturzustände, aber auch die ganz allgemeinen, also etwa die gänzlich außerliterarischen sozialen Zustände an. Zumal beides ohnedies eng aufeinander bezogen ist, jedenfalls bei uns.

Sie werden gewiss nicht leugnen wollen, dass unser kleines Land alles andere als farbenprächtig ist, und zwar in nahezu jeder Beziehung. Es fehlen uns nicht nur kräftige Farben, sondern auch entsprechend scharfe Gewürze. Zu den Gewürzen im übertragenen Sinne würde ich persönlich auch jene Mordüberfälle, Bankdiebstähle, Betrügereien, Vergewaltigungen zählen, die in Ihrem Teil der Welt nahezu alltäglich sind. Die mögen gelegentlich störend sein, indem sie den normalen Verkehr behindern. Aber gerade indem sie störend sind, lockern sie auf, geben dem alltäglichen oder allnächtlichen Geschehen Farbe, vor allem aber kräftige Würze. Alles das aber pflegt sich in jener Literatur niederzuschlagen, die man bei Ihnen liest, falls man überhaupt noch etwas liest.

Auf unserer Seite des Tunnels können wir mit dergleichen Auflockerndem nicht rechnen. Bei uns ist alles normal, züchtig und bieder. Nur Erwartetes trifft auch ein. Überraschungen dagegen sind nicht zu erwarten. Sie mögen uns reichlich schläfrig nennen. Vermutlich sind wir das auch. Was uns aber von Ihnen grundlegend unterscheidet, ist der Umstand, dass wir keinesfalls aufgeweckt werden wollen, mit Sicherheit aber auch nicht aufgeweckt werden *sollten*. Jeder Gefahr, die etwa zu einem unerwünschten Wecken führen könnte, habe ich als Zensor vorzubeugen. Es mag Sie zwar wundern. Aber es ist tatsächlich so. Ich fühle mich in meinem Amt wohl und nehme es denn auch entsprechend gewissenhaft wahr.

Es liegt auf der Hand, dass ich mich dabei vor allem jener Gattung anzunehmen habe, die bei Ihnen die vorherrschende zu sein scheint, dem modernen Roman. Der wiederum gehört in letzter Zeit, leider auch im deutschen Sprachraum, auf den wir bekanntlich in erster Linie bezogen bleiben, da wir leider die gleiche Sprache sprechen, nur allzu häufig zur Untergattung ‚Gesellschaftsroman‘. Das hat er vom englischen, aber auch vom US-amerikanischen Roman übernommen, wie man bei Ihnen anscheinend so ziemlich alles von dort übernommen hat, was sich nur irgend übernehmen ließ. Sagen Sie selber, mein Herr, was sollen wir mit einer Romangattung anfangen, die eine Gesellschaft abbildet, die nicht nur nicht die unsere ist, nein, der wir uns auch keinesfalls annähern dürfen? Die unsere Jugend auf falsche Gedanken bringen könnte, und nicht nur unsere Jugend? Auf gefährlich falsche Gedanken. Bedenke ich aber nun auch noch die bei Ihnen nur allzu gebräuchliche Untergattung des

Romans, den ‚Kriminalroman', wird das Dilemma geradezu unüberbietbar deutlich. Auf Ihrer Seite des Tunnels kennt man die in diesen Romanen genüsslich behandelten Verbrechen, vor allem auch die dazu gehörigen Verbrechertypen nur allzu gut. Im Roman findet man sie dann ohne jede Schwierigkeit wieder. Womit aber sollen unsere, wie Sie vermutlich glauben, allzu schläfrigen Leser sich identifizieren? Wo sollen sie die die Situationen und Typen Ihrer Romane in unserer biederen Realität wiederfinden? Da nichts dergleichen bei uns vorhanden ist, könnten sie sehr wohl auf den Gedanken kommen, das bisher nicht Vorhandene endlich zu erzeugen, damit das Leben auf unserer Tunnelseite spannender, bunter, aufregender, gleichzeitig aber verruchter wird. Aber die Folgen, die Folgen, die sozialen Folgen …

Was aber die Lyrik betrifft, so werden Sie gewiss zugeben, dass die noch weit leichter in unser Land hinein geschmuggelt werden kann. Das mag in manchen Fällen sogar durch mündliche Übertragung geschehen. Hier wählen wir deshalb auch einen anderen Weg der Schadensverhütung, zumindest aber der Schadensbegrenzung. Wir sehen nämlich zu, dass die lyrischen Produkte, die letztlich doch erfolgreich zu uns eingedrungen sind, sich so bald wie möglich in so etwas wie Volkslieder verwandeln. Das nämlich begünstigt den Prozess des allmählichen Abschleifens aller jener allzu kritischen, allzu spitzen Stellen, die unserer Gesellschaft gefährlich werden könnten. Es wird Sie gewiss nicht verwundern, dass wir zu diesem Behuf über eine gesonderte Abschleifstelle verfügen. Die sich ‚Entspannungsanstalt' nennt. Aber da habe ich schon wieder etwas preisgegeben, das ich keinesfalls hätte preisgeben dürfen. Vergessen Sie es deshalb bitte, mein Herr."

„Sie können sich auf mich verlassen", war Hacklohs Antwort, wollte er doch keinesfalls weitere Ausführungen seines Beraters, die vielleicht wiederum einige Geheimnis-Spurenelemente enthalten könnten, verhindern. Der aber fuhr ungefähr folgendermaßen fort:

„Ein ganz entscheidend wichtiger Unterschied zwischen unseren beiden Gesellschaften besteht jedoch in unserer Beachtung oder doch wohl eher Nichtbeachtung der Wichtigkeit von Autoren jeglicher Art. Es ist sehr wohl denkbar, dass ich unter der Masse der bei Ihnen drüben auf die verschiedenen Märkte geworfenen literarischen Machwerke hier und da ein Stück Literatur, sei es nun ein Roman, ein Gedicht, ein Drama entdecke, das ich von Form und Gehalt her für nahezu vollkommen halte, das mich jedenfalls fasziniert. Trotz aller Faszination habe ich jedoch in meiner sichtenden Arbeit nunmehr zwei wichtige Schritte zu beachten, die auf Ihrer Seite der Erde nahezu unbekannt zu sein scheinen, was allerdings nicht besagen sollte, dass sie nicht vor etwa einigen Generationen noch sehr wohl bekannt waren. In einem ersten Schritt habe ich zu untersuchen und sodann auch amtlich festzulegen, ob das Stück Literatur in unseren eigenen Literaturkreislauf einbezogen werden sollte. Häufig genug werde ich dabei negativ zu entscheiden haben, und zwar gerade weil das bestimmte Literaturwerk eine so große Faszination ausstrahlt. Ist doch jegliche Faszination in einer, wie Sie es einmal genannt haben, vorwiegend schläfrigen Umwelt ungemein schädlich. Sie weckt nämlich ausgerechnet an jenen Stellen Appetit, an denen wir ihn um nahezu alles in der Welt vermieden sehen wollen.

Was aber den zweiten Schritt betrifft, den ich nun zu tun habe, so führt der uns unmittelbar zu einem grundsätzlichen Unterschied unserer beiden Systeme, zu einem Unterschied, der den Umgang mit Kunstwerken, durchaus nicht nur literarischen, betrifft. Ein nahezu vollkommenes Stück Literatur, dem wir zudem den Weg in unseren Literaturkreislauf mit guten Gründen gestattet haben, werden wir selbstverständlich mit dem ihm zukommenden Ernst und, zumindest hier und da, sogar mit Ehrfurcht begegnen. Dessen Autor dagegen beachten wir kaum. Weshalb sollten wir ihn denn auch beachten?

Mag er Beachtliches geleistet haben, mag sein Werk auch den Stempel seiner hohen Begabung, vielleicht sogar seines einschlägigen Genies tragen, kann doch nicht davon ausgegangen werden, dass er uns mit dem Schaffen seines Werkes ganz bewusst einen Dienst erwiesen hat. Vor allem dann, wenn er tatsächlich hochbegabt oder gar ein Genie sein sollte, hat er mit einiger Sicherheit nicht an uns, an unsere Vor- oder auch Hinter-dem-Tunnel-Gesellschaft, geschweige denn an Ruhm und Geld, sondern nur an sein Werk gedacht. Das aber muss ihn arg bedrückt haben, bevor er es aus sich herauslassen konnte. Mit anderen Worten, das Schreiben seines Stückes Literatur, vor allem aber auch dessen glücklicher Abschluss muss für ihn geradezu eine Befreiung gewesen sein. Das schöne Gefühl, das damit verbunden ist, gönnen wir ihm von Herzen, wie wir hierzulande ohnedies ungemein großherzig sind. Aber brauchen ausgerechnet Autoren zusätzlich noch so etwas wie allgemeine Beachtung, vielleicht sogar Ruhm oder gar – hier fühle ich mich wieder unwillkürlich erröten – Tantiemen, nämlich Geld? Man mag auch ihnen gelegentlich den Garten umgraben oder ihnen eine Terrine Erbsensuppe auf den Küchentisch stellen, sind sie doch nicht besser, geschweige denn vornehmer als jeder normale Bürger unseres glücklichen Landes. Nein, jegliche Fan-Wirtschaft, wie Sie da drüben es nennen, jeden Personenkult lehnen wir ab. Damit sind wir bis heute gut gefahren."

„Es ist durchaus nicht so, als dass ich Ihnen nicht zumindest in einigen Punkten zustimmen könnte. Vor allem aber weiß ich genau so gut wie Sie, dass unsere jährliche Literaturproduktion mindestens achtzig Prozent Schrott enthält, den man dann ja auch nur allzu bald der Makulatur zuführt oder dem, was jenseits des Tunnels ‚Modernes Antiquariat' heißt. Mag immerhin sein, dass Ihre Bemühungen dazu beitragen, dass Sie um die Einrichtung solcher nur scheinbaren Antiquariate herumkommen. Im Übrigen aber fühle ich mich durch Ihren Vortrag an einige böse Phasen meines eigenen Landes erinnert. Dafür werden Sie gewiss Verständnis haben. Oder irre ich mich da?"

„Nein, Sie irren sich nicht. Mein Land ist aber nicht das Ihre. Das Ihre ist nicht meines. Wir sollten unbedingt der Versuchung widerstehen, Unvergleichliches miteinander vergleichen zu wollen, führen doch Vergleiche nur allzu leicht zu so etwas wie Verständnis, das seinerseits unter gewissen Umständen sogar zur Nachahmung führen kann. Davor aber fürchten wir uns."

„Ich sage dann lieber nichts mehr", war Hacklohs kurz angebundene Antwort.

‚Welche erstaunlichen Wirkungen Inspektionen und Lehrvorträge zu so unverfänglichen Themen wie Gesundheitswesen, Leibeserziehung und die diversen Künste, vor allem aber die Literatur doch bei Mitmenschen von der anderen Tunnelseite auslösen können', murmelte es in dem nun doch reichlich bekümmerten Begleiter, ‚was sollte man wohl daraus schließen?' Aber das war lediglich eine rhetorische Frage, wusste er doch sehr wohl, was man daraus zu schließen hatte. Das Gesprächsklima war inzwischen derart frostig geworden, dass es wohl als besonders mutig zu betrachten ist, dass sich die beiden nun ausgerechnet auf den Weg zu einem – Standesamt machten, mithin Einschätzung und Vollzug der menschlichen Ehe in Augenschein nehmen wollten. Offensichtlich sah der Unterrichtsplan des Begleiters diese Reihenfolge vor.

„Die Ehe ist auch bei uns eine der wesentlichsten Säulen unserer Gesellschaft. Ich hätte wohl besser sagen sollen, sie ist es insbesondere bei uns. Sieht es doch auf Ihrer Seite des Tunnels hier und da anders aus. Oder irre ich mich etwa?"

„Nein, Sie irren sich nicht. Allerdings sollte man auch die positiven Folgen dieser betrüblichen Lockerung aller gesellschaftlichen Bezüge nicht ganz unter den Tisch fallen lassen."

„Wie Sie meinen, mein Herr, die sich daraus ergebenden wesentlich komplizierter gewordenen Verhältnisse sollte man dann aber auch nicht beklagen."

„Habe ich sie etwa beklagt?", fragte Hackloh. Worauf sein Begleiter zuerst einmal schwieg. Dann aber, nach einigen Minuten konzentrierten Schweigens, fuhr er mit seinem Lehrgespräch fort:

„Wir sind beispielsweise skeptisch gegenüber allen Varianten so genannter Liebesheiraten. Die nämlich halten in der Regel nicht lange. Was auch die hohe Scheidungsziffer auf Ihrer Seite des Tunnels eindringlich beweist. Scheint man doch dort so gut wie vergessen zu haben, dass auch bei Ihnen die Liebesheirat ein vergleichsweise junges, um nicht zu sagen neumodisches Phänomen ist. Pflegten künftige Ehepartner sich doch früher in der Regel im weiteren Familien- und Bekanntenkreis kennen zu lernen. Wenn der bekannte oder auch nur vermutete Blitz einschlug, kannte man dessen Gegenstand, sozusagen aus blitzlosen Zeiten, schon lange. Man brauchte also nicht in etwas hinein zu tappen, mit dem man nur höchst mangelhaft vertraut war. Auf diese Weise entging man so manchem Risiko, nicht zuletzt auch dem gesellschaftlichen. Fand doch das eines Tages fällige Rendezvous normalerweise auf der jeweils gleichen, beiden zukünftigen Partnern vertrauten Ebene statt. Bei Ihnen dagegen trifft man sich in Discos, in Pinten, unter freiem Himmel, manchmal sogar auf Protestmärschen und bei Streikveranstaltungen. Damit aber lädt man sich eine ganze Menge von Unsicherheiten auf. Unnötigerweise, kann man sein Ziel doch auch einfacher und vor allem sicherer erreichen. Sein auf möglichst ewige Dauer bezogenes Ziel. Gerade daran aber scheint es auf Ihrer Tunnelseite zu fehlen."

„Ganz leugnen kann ich das nicht. Aber kommen nicht auf diese Weise gelegentlich ganz besonders interessante Verbindungen zustande? Wenn ich an meinen Sohn und an meine dazu gehörige Schwiegertochter denke, kann ich wohl behaupten, dass ich aus Erfahrung spreche."

„Hoffentlich aus positiver Erfahrung", war die Antwort.

„Immerhin aus nicht ganz negativer", gab Hackloh zurück. Ob er gleichzeitig an seine Ehe und an deren überaus konventionelles Zustandekommen dachte?

„Es ist durchaus nicht so, dass unsere Gesellschaft sich nicht auch eine gewisse Mühe gibt, die jeweils angemessenen Ehen möglich zu machen, wenn nicht gar zu stiften. Dem Zufall überlassen wir das jedoch nicht. Wir geben uns vielmehr alle erdenkliche Mühe, Konstellationen anzubieten, die es zumindest wahrscheinlich machen, dass die Richtige auch den für sie Richtigen findet oder andersherum. Dabei achten wir nicht zuletzt auf die je gegebenen sozialen Rahmenbedingungen. Deren Wichtigkeit ist nämlich nicht zu überschätzen. So können beispielsweise gemeinsame Jugenderinnerungen eine Ehe gerade dann festigen, wenn die ersten Liebesanwandlungen sich abgeschwächt haben, was bekanntlich in nahezu allen Fällen nach einer gewissen Zeit geschieht. Sollten Sie aus meinen Darlegungen aber schließen, dass wir als uneingeschränkte Verfechter der von außen arrangierter Ehe zu betrachten sind, so irren Sie. Kommt es doch gerade hier auf sorgfältiges Differenzieren an. Habe ich mich verständlich genug ausgedrückt, mein Herr?"

„Das haben Sie. Aber über diesen Komplex werde ich vermutlich noch einige Stunden nachdenken müssen."

„Es sei Ihnen gegönnt", antwortete der Begleiter.

Der anschließende Besuch im Standesamt verlief ohne jegliche Überraschungen. Die dort gebräuchlichen Formalien entsprachen bis aufs Wort denen, die auch auf der anderen Seite des Tunnels üblich sind. Das einzig Auffällige mochte immerhin sein, dass die einzelnen Paare gänzlich unaufgeregt, aber auch von plötzlichen Liebesbekundungen unbeeinflusst die feierliche Prozedur überstanden. Auch Väter und Mütter brachen nicht etwa in Tränen aus, sondern schienen zufrieden und erleichtert zu sein, dass der jeweilige Topf endlich das ihm zukommende Deckelchen gefunden hatte oder andersherum. Diesen Inspektionsbesuch wenigstens konnte man ohne nachhaltige Ernüchterung als abgeschlossen betrachten. Man tat es denn auch, beiderseits erleichtert.

Zumal auch das nächste Sachgebiet, das es zu erkunden galt, vergleichsweise unproblematisch zu sein schien. Handelte es sich doch um die öffentliche Versorgung von Arbeitslosen und anderen sozial gefährdeten Mitbürgern. Man begab sich also zu dem betreffenden Amt. Sonderbarerweise trug diese Dienststelle den Namen *Heimstatt*. Kaum aber hatte Hackloh seine Verwunderung darüber geäußert, erhielt er eine Erklärung, die ihn zwar nicht befriedigen, dafür aber umso mehr verwundern konnte.

„Es ist folgendermaßen", sagte der Begleiter, „wo unter unseren Mitbürgern die zuverlässige Einbettung in unsere Gesellschaft zu fehlen scheint, müssen wir selbstverständlich versuchen, sie auf amtliche Weise herzustellen. Glücklicherweise sind diese Fälle ganz ungewöhnlich selten. Man kann davon ausgehen, dass ein jeder unserer Sozialdiener etwa zwei bis drei zu bedienende Sozialfälle zu behandeln hat. Denen kann er dann aber auch seine ganze Kraft und – das betone ich mit Nachdruck – auch seine ganze mitbürgerliche Anteilnahme und Liebe zuwenden. Er hat mit Sicherheit einen der schönsten Berufe, die in unserer Gesellschaft denkbar sind. Fließt ihm denn auch häufig genug geradezu überschwänglicher Dank seiner Schutzbefohlenen zu, nachdem es ihm gelungen ist (es gelingt ihm so gut wie immer) sie aus dem tiefen Tal der sozialen Hoffnungslosigkeit heraus zu holen und in ihre ihnen unverbrüchlich zustehende Heimat, in unsere Hinter-dem-Tunnel-Gesellschaft zurück zu führen und sie dort zuverlässig zu verankern."

„Wie aber hat man sich das konkret vorzustellen?"

„Etwa so. Wenn ich recht unterrichtet bin, hat es in Ihrer drübigen Gesellschaft eine oder sogar mehrere Geschichtsphasen gegeben, in denen die Einrichtung eines Arbeitslagers nicht ganz unbekannt war. In besonderen Fällen soll es sich dabei sogar um ausgesprochene Speziallager gehandelt haben. Die haben dann allerdings nicht der Heimführung gedient, es sei denn man versteht unter dieser Bezeichnung so etwas wie eine Heimführung in die - na, sagen wir mal – Ewige Seligkeit. Wir dagegen haben ein ausschließlich diesseitiges Ziel. Bei uns geht es um Wiedereingliederung in die Gesellschaft. Die aber beginnt nun einmal am sichersten in einem Arbeitslager. So ist es uns beispielsweise gelungen, ausgedehnte Moorgebiete zu rekultivieren, feuchte Wiesen trocken zu legen und so fort und so fort. Zwar kann man nicht unbedingt davon ausgehen, dass ein jeder der zu Betreuenden schon am ersten oder zweiten Tag der Maßnahme deren Sinn erkennt. Mittels unserer Lehrvorträge gelingt es uns jedoch so gut wie immer, jede auch noch so verständliche Skepsis zu besiegen. Schon bald wird die gemeinsame Arbeit unter dem rhythmischen Absingen arbeitsfördernder Lieder mit Hingabe und Begeisterung geleistet. Die erste Stufe der Wiedereingliederung in die Gesellschaft ist damit absolviert. Was aber die sich anschließende zweite Stufe angeht, sehen wir eine Individualförderung vor, bei der rhythmische Weisen ebenfalls zum Einsatz kommen können, wenn der Betreffende es ausdrücklich wünscht, was meistens der Fall ist. Wir weisen ihm dann ein individuelles Stück Moor oder Wiese zu, das er zu rekultivieren hat. Die dritte Stufe endlich bildet sodann eine feierliche Abschlusshandlung samt Überreichung der nun ehrlich verdienten Wiedereingliederungs-Urkunde. Bei deren Aushändigung sind schon so manche Tränen geflossen. Es versteht sich von selbst, dass wir die nunmehr wieder eingegliederten Leute noch einige Monate begleiten. Wir beobachten recht kritisch ihr Tun und Lassen, greifen gelegentlich auch ein. Aber diese Fälle sind selten. Können wir doch recht wirkungsvoll mit der Entziehung der Wiedereingliederungs-Urkunden drohen. Auf die Dauer sieht so leicht niemand in unserer Gesellschaft sich gern isoliert. Man könnte geradezu behaupten, dass unsere Gesellschaft ganz ausgesprochen harmoniesüchtig ist."

Was sollte Hackloh dazu sagen? Er selber war zwar alles andere als harmoniesüchtig, hatte aber immerhin ein gewisses Verständnis für Mitmenschen, die Disharmonien jeglicher Art verabscheuten, nicht nur in der Musik. So zog er es vor zu schweigen. Seinem Begleiter schien das nur recht zu sein, legte er doch Wert darauf, dass allmählich wieder eine Klimaverbesserung eintrat.

Ob aber ausgerechnet der nun anstehende Inspektionsort der gewünschten Klimaverbesserung dienen werde, schien dem Begleiter denn doch zweifelhaft zu sein. War der von ihm Betreute doch zweifellos, obgleich der selber offensichtlich anderer Meinung war, in die Gruppe der Senioren, wenn nicht gar der Hochbetagten einzuordnen. Als nächstes nämlich hatte man sich der Altersversorgung zu widmen. So jedenfalls sah es der Plan vor, den die obere Instanz dem Begleiter verbindlich vorgeschrieben hatte. Was also blieb dem Begleiter anderes übrig, als mutig die Zähne zusammen zu beißen und trotzdem mit seinem Lehrvortrag zu beginnen. Angesichts des zu Belehrenden war es zugegebenermaßen nicht ganz einfach, einer leider nun zu erwartenden Schockwirkung zu entgehen. Der offizielle Begleiter begann nämlich folgendermaßen:
„Wir halten menschliches Altern, menschliches Altsein und folglich auch jegliche Altersversorgung grundsätzlich für ein Übel, allerdings für ein weit verbreitetes, dem aus dem Weg zu gehen alles andere als leicht ist. Glücklicherweise sind Ärzte und Krankenanstalten bemüht, uns an der Verhinderung seiner größten Ausbreitung tatkräftig zu helfen. So haben wir die statistisch erfasste Lebenserwartung unserer Gesellschaft in den vergangenen Jahren bereits ganz beträchtlich herabsetzen können. Ärzten und Pflegepersonal war dabei die radikale Umkehr des auch Ihnen vermutlich bekannten, jenseits des Tunnels aber gröblich missverstandenen Hippokratischen Eides zuzumuten, der lebensverlängernde Maßnahmen bekanntlich nicht nur zu gestatten, sondern nahezu zur Pflicht zu machen scheint. Unsere Gesundheits- und Lebensalterspezialisten dagegen wissen genau, wo im einzelnen Fall der Schlusspunkt eines Lebens anzusetzen ist. Sie handeln denn auch entsprechend, und zwar, was unsere Endpatienten betrifft, nahezu schmerzlos. Damit aber ersparen sie sowohl den allzu Alten als vor allem auch unserer Gesellschaft so manche als ziemlich sicher voraus zu berechnende Gesamtproblematik.

Im Laufe der letzten zwanzig Jahre haben wir auf diese Weise insgesamt achtzehn Alters- und Pflegeheime schließen können. Neun davon haben wir zu Jugendheimen umgewandelt, drei weitere zu Kinderkrippen. Die noch verbleibenden sollen der Stärkung, Erholung und möglichst zugleich auch Entschädigung unserer wenigen Berufspolitiker dienen, haben die doch im Laufe ihres Lebens auf so manche menschliche Freuden verzichten müssen. Ihnen gestatten wir es deshalb – wiederum zur Kompensation – einige Jahre länger zu leben. Mögen Sie darüber denken, was immer Sie nicht vermeiden können", fügte er hinzu. War ihm doch klar, dass sein Lehrvortrag diesmal nicht auf allzu bereitwilligen Boden gefallen sein konnte. Schließlich war sein Schützling bereits weit älter als die einschlägigen Richtlinien hinter dem Tunnel es vorsahen. Er hätte also längst tot sein müssen. Außerdem war er nie im Leben ein – Politiker gewesen. Hackloh aber schwieg. Dass er sich wieder einmal so einiges dachte, kann man wohl voraussetzen. Gelegentlich aber hat der Mensch, gerade auch der alte Mensch, so zu handeln, als sei er – höflich.

Nun aber drohte es kritisch zu werden. Sah die Themenliste des Beraters doch von nun an Themen vor, die hart an die Grenzen eines Staats- oder zumindest eines Gesellschaftsgeheimnisses grenzten: Politik, Wirtschaft, Außenbeziehungen, Verteidigungswesen. Man kann zwar davon ausgehen, dass der Berater gerade im Blick auf diese Problemfelder sehr genaue Anweisungen hatte und deshalb wohl kaum in Versuchung geraten werde, die ihm gesetzten Grenzen ungebührlich zu überschreiten. Selbst gegenüber einem (vorläufig noch) so Vertrauen erweckenden Gast wie Hackloh würde sein Berater nicht auf Vorsicht verzichten. Andererseits konnte er aber nicht so tun, als gäbe es diese Felder nicht. Als nächsten Programmpunkt sah seine Liste die Politik vor. Der Berater räusperte sich denn auch und begann:
„Mit der Politik ist es bei uns so eine Sache. Einerseits kommen wir nicht ganz ohne sie aus. Andererseits aber verachten wir sie."
„Wenigstens hier haben wir es endlich wieder mit einer Gemeinsamkeit zwischen unseren beiden ach so getrennten Systemen zu tun", konnte Hackloh da nur sagen. Er murmelte es diesmal nicht vor sich hin, sondern sprach es laut und mit sichtbarer Erleichterung aus. Sein Berater nahm es nur allzu gern zur Kenntnis.
„Was ich über unsere Einschätzung der Politik gesagt habe, bezieht sich in noch weit stärkerem Maße auf deren Akteure, die Politiker. Da das so ist, messen wir ihnen – wie ich ja bereits ausgeführt habe – eine nicht unbeträchtlich längere Lebenszeit zu. Die haben sie dann allerdings, um Schaden von unserem Gemeinwesen fern zu halten, möglichst weit au-

ßerhalb aller politischen Aktionsfelder zu verbringen, etwa in jenen Erholungsheimen für ehemalige Politiker, die ich Ihnen gegenüber auch schon erwähnt habe. Im Grunde handelt es sich hier um so etwas wie Rehabilitationskliniken, in denen der verloren gegangene normale Lebensstil, vor allem aber auch die für normale Menschen verbindliche Moral wieder zu erlernen ist. Dieser Prozess nimmt in der Regel mindestens vier geschlagene Jahre in Anspruch. Ist er endlich abgeschlossen, so können wir es riskieren, den nunmehr an Leib und vor allem an Seele geheilten ehemaligen Politiker beruhigt in den Tod zu verabschieden. Das tun wir dann auch so schnell es eben geht. Ich will nicht unbedingt leugnen, dass dieser Augenblick uns, zumindest aber mir persönlich, immer eine unbändige Freude bereitet. Glücklicherweise aber gestattet uns die hierzulande übliche Begräbniszeremonie, diese Freude hinter geringen Andeutungen von Tränen, zumindest aber hinter Taschentüchern zu verbergen. Sie werden wohl bemerkt haben, an dieser so gut wie endgültigen, ein Leben beendenden Stelle versagt unsere Verurteilung jeglicher Heuchelei und allen So-Tuns-als-ob in geradezu grandioser Weise. Allerdings sollte ich hinzufügen, dass diese meine letzte Bemerkung nicht mit meinen Anweisungen übereinstimmt. An die habe ich mich bis jetzt recht genau gehalten, will ich doch meinen Job nicht verlieren. Sie sehen: die Begegnung mit dem Tod bricht auch bei uns alle Konventionen. Vor allem tut sie es dann, wenn es sich um – Politiker handelt."

„Interessant, interessant", konnte Hackloh nur dazu sagen. Doch er schloss gleich eine Frage an: „Wie aber verhält es sich mit dem, was man das ‚politische System' nennen könnte? Hier spreche ich die bei Ihnen vorhandenen oder auch nicht vorhandenen politischen Institutionen an."

„Man sollte da vielleicht mit dem eher Grundsätzlichen beginnen. Soweit es bei uns überhaupt so etwas wie Grundsätzliches gibt. Ich selber blicke da nicht immer durch. Fest steht jedoch, dass unser Gemeinwesen sich als eine Demokratie bezeichnet und – was vielleicht noch verwunderlicher ist – auch der Meinung ist, tatsächlich eine solche zu sein."

„Was aber ist daran so verwunderlich?", konnte Hackloh da nur fragen.

„Eigentlich so gut wie alles. Kommen wir doch in aller Regel ohne jegliche Wahlen aus. Unser politisches System ist also nicht das, was Sie ‚repräsentativ' nennen würden."

„Was ist es aber dann?"

„Kurios, aber nichtsdestoweniger nicht ganz unwirksam", war die Antwort. Ich sagte Ihnen ja schon, dass wir unseren Politikern, um ihr im Laufe ihrer aktiven Zeit erworbenes Realitätsdefizit abzubauen, eine zusätzliche Lebensfrist, und das auch noch in einem gut ausgestatteten Rehabilitationszentrum, zubilligen. Einige unserer Mitbürger aber sehnen sich von Kindesbeinen an nach Lebensverlängerung. Sie drängen also geradezu in den Beruf des Politikers. Darüber freuen wir uns, brauchen wir uns doch nun keine Sorgen um unseren Politikernachwuchs zu machen. Der steht auf diese Weise zuverlässig bereit. Ob es sich dabei aber um eine positive Auslese handelt, mag immerhin zweifelhaft sein. Allerdings habe ich nun schon zum zweiten Mal meine offiziellen Anweisungen missachtet. Vermutlich habe ich sogar so etwas wie ein Staatsgeheimnis preisgegeben. Ihnen aber wird es nichts ausmachen, dürften Sie doch über die Politiker in Ihrem Teil der Welt ähnlich denken."

„Das walte Gott", konnte Hackloh da nur sagen. „Und das politische System als solches? Wie ist das beschaffen?"

„Unseren Politikern angemessen", war die Antwort. "Höhere Ansprüche darf man da nicht stellen. Wir stellen sie auch nicht. So unterscheiden wir noch nicht einmal zwischen Parlament und Regierung, beziehungsweise Kabinett. Einen Unterschied zwischen Legislative, Exekutive und Judikative kennen wir nicht. Wie sollten wir ihn auch kennen, da wir doch sowohl von der Recht sprechenden Gewalt als auch von unserer Landesverwaltung und deren Beamten nur wenig halten? Es hat eine Zeit lang sogar ernsthafte Erwägungen gegeben, auch Richtern und Verwaltungsbeamten einen Lebenszeit-Bonus einzuräumen, wenn auch nicht einen so beträchtlichen wie den Politikern. Denn auch diese Leute verlieren auf die Dauer zwangsläufig ihren Realitätssinn. Vorläufig aber haben wir noch davon abgesehen. Aber endgültig *ad acta* gelegt hat man dieses Vorhaben keineswegs. Wir warten nur auf die nächste Panne. Dann kommt es wieder auf den Tisch."

„Und welche Ihrer Instanzen verfügt über die Maßnahmen, die dann zu treffen wären?"

„Das ist eine interessante Frage, die ich aber leider nur ausweichend beantworten kann. Auf die Gefahr hin, noch einmal meine Anweisungen zu überschreiten, möchte ich es etwa folgendermaßen fassen: Die Grenzen zwischen unseren politischen Instanzen sind ungemein fließend. Was heute Parlament, wer heute Parlamentarier ist, kann schon morgen Kabinett sein oder Minister in diesem Kabinett, in einem Kabinett, das übermorgen bereits wieder ein Teil des Parlaments ist. Aber auch als Landesbeamter kann er sich unter Umständen wiederfinden."

„Und das alles ohne Wahlen?"

„Selbstverständlich. Wozu sollten uns Wahlen denn auch nützen? Bei uns fließt ohnedies eines in das andere über. Grenzen sind nicht gezogen, Befugnisse nicht festgelegt. Wie denn überhaupt Vernunft und – wie Sie wohl sagen würden – Kopf an allem, was bei uns geschieht, so gut wie gar nicht beteiligt ist. Wir ziehen bauchgesteuertes Handeln vor und erwarten es auch von denen, die uns zu regieren glauben."

„‚Zu regieren glauben' haben Sie gerade gesagt. Werden Sie denn nicht tatsächlich von ihnen regiert?"

„Da habe ich doch sehr meine Zweifel. Im Grunde regieren wir uns selbst, vorwiegend, wenn nicht sogar ausschließlich intuitiv. Auf unsere Intuition aber können wir uns verlassen. Blind verlassen, möchte ich sagen. Sehen Sie sich unsere Nasen an. Denken Sie an die immerhin nicht ganz seltene Fähigkeit unserer Bürger, entweder meditativ nach Innen zu schauen oder, ebenso meditativ, zur Transzendenz hin. Manche schaffen sogar beides zugleich. Wozu haben sie auch zwei Augen und nicht nur eines?"

„Oder sogar drei", warf Hackloh ein, bei dem sich die scheinbar verloren gegangene Fähigkeit zur Ironie, wenn auch nur in kläglichen Restbeständen, noch einmal zeigte.

„Leider haben wir die Beschaffenheit von Menschen hinzunehmen, wie sie uns die Schöpfung, meinetwegen auch der Schöpfer geliefert hat. Wir sind bescheidene Leute und fordern so leicht nichts, was darüber hinausginge. Diese Bescheidenheit bezieht sich glücklicherweise auch auf die Produkte unserer Politiker und der politischen Institutionen. Das hat uns im Laufe von Generationen zu zufriedenen Menschen gemacht, zu Menschen, die auch ohne eine jede Regierung gut zurecht kämen."

„Sieht man von jenen Individuen einmal ab, die Sie – wie Sie es vorgestern noch ausgeführt haben – einem in sich gestuften Korrektionssystem unterwerfen müssen."

„Zugegeben. Aber die kommen dann aber auch geheilt, nämlich zuverlässig korrigiert wieder aus dem System heraus. Bedenkt man dagegen, wie es auf Ihrer Seite des Tunnels aussieht! Über die bei Ihnen üblichen Rückfallzahlen brauche ich Ihnen gewiss nichts zu sagen."

„Nein, die kenne ich selber, wenigstens in groben Zügen. Soll ich aber aus allem, das Sie mir nun mitgeteilt haben, schließen, dass Sie diesseits des Tunnels glücklich sind? In politischer Hinsicht glücklich, meine ich?"

„Dem Begriff ‚Glück' begegnen wir mit äußerster Skepsis. Aber zufrieden dürfen Sie uns nennen. Vielleicht sind wir deshalb zufrieden, weil wir nur wenige Ansprüche an uns und andere stellen und der Intuition, dem Bauch, den Vorrang einräumen vor der Vernunft, dem Kopf. Sind Sie eigentlich in den Wochen, in denen Sie unter uns wohnen, schon einmal einem Menschen begegnet, einem Mann oder gar einer Frau, von dem oder von der Sie hätten sagen können ‚Was für ein beachtlicher Kopf!'? Bäuche haben Sie stattdessen gesehen, natürlich auch Nasen der verschiedensten Größe und Form. Sollte das aber für ein Gemeinwesen, das so gut wie verborgen und unbekannt hinter einem langen, dunklen Tunnel lebt, nicht genügen?"

„Ich sollte mir da kein Urteil anmaßen", antwortete Hackloh, "Wie sollte auch ausgerechnet ich das können? War ich doch ein Professor, also ein ausgesprochenes Kopftier. Vermutlich bin ich es auch heute noch, zumindest letzteres. Das legt mir gewisse Beschränkungen auf."

„Die zu beachten ich mehr als bereit bin."

„Nun haben wir allerdings noch gar nicht über einen Bereich in der Politik gesprochen, der mir gerade im Fall eines Gemeinwesens von erheblicher Wichtigkeit zu sein scheint, das hinter einem langen, dunklen Tunnel nahezu verborgen und unbekannt vor sich hin existiert. Ich spreche von den Außenbeziehungen Ihrer Hinter-dem-Tunnel-Gesellschaft. Gibt es bei Ihnen so etwas wie ein Außenministerium, das sich diese Aufgaben widmet?

Sieht man bei Ihnen überhaupt die Notwendigkeit diplomatischer Vertretungen ein? Wie steht es um Ihre Landesverteidigung, für den Fall, dass die friedliche Lage einmal umkippen sollte?"

„Sie machen es mir schwer, mich an meine Anweisungen zu halten. Gibt es doch auch bei uns Staatsgeheimnisse, die ich nicht ausplaudern darf. Zahlreich sind sie allerdings nicht. Sie werden jedoch verzeihen, wenn ich auf Ihre zuletzt gestellten Fragen reichlich pauschal antworten werde. In Einzelheiten darf ich nicht gehen. Allerdings weiß ich noch nicht einmal, ob es hier bei uns so etwas wie Einzelheiten, jedenfalls wie Sie sich die vorstellen, gibt."

„Dann gehen Sie doch bitte bis an die äußersten Grenzen dessen, was Ihnen erlaubt ist. Ich sichere Ihnen zu, keinen geheimnisverratenden Gebrauch von ihnen zu machen."

„Ich werde mich bemühen", war die Antwort. Ein ausführlicher Lehrvortrag folgte.

„Was die Landesverteidigung angeht, so wäre zu bemerken, dass unser Land bekanntlich nicht ganz so abgeschlossen ist, wie es sich darbietet. Es ist Ihnen schließlich ja bekannt, dass man eine Schnellzuglinie mitten durch unser Land gelegt hat. Sie führt durch einen Tunnel hinein, durch den gegenüber gelegenen wieder hinaus. Dazwischen liegen immerhin zwei Bahnhöfe. Wir können also nicht ganz verhindern, dass Bürger von außerhalb der Tunnel in unser Land eindringen. Das tun sie denn auch, wie Sie schließlich aus persönlicher Erfahrung nur allzu gut wissen. Allerdings tragen wir dafür Sorge, dass Eindringlinge durch unsere Fremdenpolizei sorgfältig überwacht werden. Die allerdings ist nahezu unsichtbar und hat deshalb ebenfalls einen gewissen Anspruch auf Lebensverlängerung und Aufnahme in die entsprechende Rehabilitationsklinik. Ist doch der allzu enge Kontakt zu Fremden für unsereinen gefährlich. Es besteht eine starke Ansteckungsgefahr. Muss ich doch gestehen, dass selbst mir, der ich doch derartige Kontakte gewohnt bin, nicht gerade leicht fällt, Ihrem deutlich spürbaren Einfluss zu entgehen. Dabei kann man Sie doch als vergleichsweise harmlos ansprechen. Trotzdem werde ich mich vermutlich, nachdem ich meinen Auftrag hoffentlich zur Zufriedenheit aller unmittelbar und mittelbar Beteiligten erfüllt habe, zu einem Entziehungskurs anmelden.

Anspruch auf Lebensverlängerung habe ich allerdings leider nicht. Mag immerhin sein, dass ich ihn mir eines Tages erwerbe.

Was aber die Fremden betrifft, die gelegentlich in unser Land eindringen, so ist leider davon auszugehen, dass die meisten von ihnen so etwas wie Spione sind, allerdings in aller Regel nur nebenamtlich arbeitende. Gegen Spionage aber haben wir nichts einzuwenden, verhilft sie uns doch zu einer genaueren Kenntnis der Entwicklungen jenseits der beiden Tunnel, ebenso wie sie dieser Gesellschaft zu einer genaueren Kenntnis der bei uns herrschenden Verhältnisse dient. Exakte beiderseitige Kenntnisse dienen jedoch, wie Sie gewiss ohne Schwierigkeiten verstehen werden, der Friedenssicherung. Welche Macht auf Erden, und sei sie noch so stark, sollte wohl an unserem harmlosen, für rückständig gehaltenen und zudem in einem entlegenen, nahezu unzugänglichen Tal liegenden Gemeinwesen irgendein aktives Interesse haben? Wir tun keinem etwas Böses. So wird man auch uns nichts Böses tun, es sei denn, in einem Anfall von überheblichem Wahnsinn. Dem aber versuchen wir schon allein dadurch vorzubeugen, dass wir in beide Tunnelrichtungen unser wichtigstes Ausfuhrprodukt liefern. Sie werden sicher schon erraten haben, um was es sich dabei handelt. Es handelt sich selbstverständlich um Palmensamen. Auch ganze Palmbäume haben wir schon einmal exportiert. Ich bin ein, gemessen an dem in meinem Lande Üblichen, nüchterner Mensch. An die magische Wirkung von Palmzweigen glaube ich persönlich nicht. Andererseits ist es aber so, dass man außerhalb unserer Gesellschaft über unseren Palmwedelaberglauben glaubt, lachen zu dürfen. Mag man bei Ihnen ruhig über uns lachen. So lange dieses Lachen dazu beiträgt, uns politisch und vor allem auch militärisch nicht ernst zu nehmen, kann uns das nur recht sein. So lange man uns für harmlose Irre hält, sieht man es für überflüssig an, uns anzugreifen oder auch nur auf andere, etwa auf ökonomische Weise in den eigenen Einflussbereich einzubeziehen.

Was aber die Spionage betrifft, so haben wir es bisher immer verstanden, die jeweiligen Spione zu Doppelagenten umzufunktionieren und als Nachrichtenquellen über die Zustände außerhalb unserer beiden Tunnel auszunutzen. Die meisten dürften das nicht einmal bemerkt haben. Einige aber haben es wohl tatsächlich bemerkt und sich deshalb für wichtig, ja für geradezu unentbehrlich gehalten. Woraus hervorgeht, dass wir sehr wohl wissen, dass auch auf Ihrer Seite der Erde die menschliche Dummheit zu Hause ist. Ich neige sogar dazu anzunehmen: ganz besonders eindrucksvoll ist sie auf der Ihnen vertrauten, wie Sie auch heute noch anzunehmen scheinen ‚normaleren‘ Seite zu Hause."

„Weshalb sollte ich dem widersprechen? Bin ich doch als ehemaliger Professor der menschlichen Dummheit immer wieder begegnet. Der Dummheit in ihrer krassesten Form, und zwar nicht nur bei meinen Studenten, sondern in noch sehr viel eindrucksvollerer Entfaltung bei einigen meiner Kollegen. Kann sich doch menschliche Dummheit besonders glorios auf dem Fundament einer ungewöhnlich hohen Intelligenz entfalten. Die aber billige ich meinen Kollegen, selbstverständlich auch einigen meiner Studenten und vor allem Studentinnen, ohne weiteres zu. Hohe Intelligenz aber ist gefährlich. Ich spreche da aus eigener Erfahrung, habe ich doch kürzlich noch, nämlich auf meiner Reise in Ihr Land, mein *magnum opus* gelesen. Mit Folgen, über die ich besser schweigen sollte. Aber wie verfahren Sie mit den von Ihnen ermittelten Spionen und Doppelagenten? Bürgern Sie die etwa nach einigen Monaten ein?"

„Gott bewahre! Damit täten wir denen, aber auch uns, einen schlechten Gefallen. Wer will schon auf die Dauer in unserem Land leben? Ist es doch ein hartes Land, wenn auch gleichzeitig ein vergnügliches, da es nur wenige wirkliche Probleme kennt. Nein, die Spione sind nur allzu froh, wenn sie unseren Ausweisungsbefehl in der Tasche haben. Den stellen wir ihnen allerdings erst zu, nachdem wir sie in ihrer Eigenschaft als Doppelagenten gehörig und bis auf den letzten Geheimnistropfen ausgepresst haben. Bei Ihnen drüben angekommen, schreiben dann einige von ihnen ausführliche Berichte über unser Land. Die wiederum werden von fleißigen Autoren in jene reichlich utopisch wirkenden Kinderbücher umgearbeitet, die sich auf Ihrer Seite der Welt bekanntlich so großer Beliebtheit erfreuen. Haben Sie schon einmal die *Alice im Wunderland* von Lewis Carroll gelesen? Diese Geschichte, aber auch so einiges, das Jonathan Swift, Samuel Butler, George MacDonald, C.S. Lewis, J.R.R. Tolkien und in gewissem Sinne auch G.K.Chesterton geschrieben haben, scheint mir letztlich auf derartige Agentenberichte zurückzugehen. Woran es wohl liegen mag, dass vor allem Engländer, Schotten und Iren eine derartige

Neigung zur Nachahmung unserer Verhältnisse verspüren? Aber lassen wir das. Kehren wir zu dem wirklich Entscheidenden zurück.

Selbstverständlich haben auch wir nicht ganz auf offizielle politische Außenvertretungen verzichten können. Dabei haben wir jedoch in der Regel immer andere Staaten mit unserer Vertretung beauftragt, etwa das Großfürstentum Liechtenstein, das sich seinerseits, wenn ich nicht irre, durch die benachbarte Schweiz vertreten lässt. Dann aber auch durch solche Mini-Staaten wie Monaco und Moldavien. Indem wir fremde Staaten beauftragt haben, sind wir der Gefahr entgangen, den Kreis der mit einem längeren Leben Auszustattenden noch weiter zu ziehen. Politik nämlich, vor allem auch Außenpolitik, ist nämlich ohne die uns grundsätzlich nahezu unbekannte Heuchelei, ohne Liebedienerei und falsche Höflichkeit so gut wie unmöglich. Oder sollte ich mich da irren?"

„Keineswegs!" stimmte ihm Hackloh zu. „In Spurenelementen scheint sich diese Ansicht auch in der mir gewohnten Welt allmählich eingebürgert zu haben."

„Und nun zur Landesverteidigung. Wir bedürfen weder eines stehenden Heeres noch einer Miliz. Wir verteidigen uns eher unkonventionell, nämlich ausschließlich durch die außerhalb unseres Tunneltals für harmlos gehaltene Abseitigkeit. Von der will sich niemand allzu gern anstecken lassen. Deshalb meidet man uns wie die Pest, allerdings in dem sicheren Wissen, dass man uns jederzeit nur allzu leicht vereinnahmen könnte, wenn man nur wollte. Man hat es aber nun schon seit etlichen Generationen nicht gewollt und man wird es vermutlich auch in Zukunft nicht wollen. Oder sind Sie da anderer Meinung, mein Herr?"

„Ganz entschieden nein!" konnte Hackloh da nur sagen.

„Es bliebe nun eigentlich nur noch unser Wirtschaftssystem zu behandeln. Dazu aber ist nicht allzu viel zu sagen, handelt es sich hier doch im Wesentlichen um eine Naturalienwirtschaft, die ihrerseits auf direktem oder, in selteneren Fällen, auf indirekterem Austausch von Waren beruht. Sie wissen ja bereits, dass wir auf alles verzichten, das auch nur von ferne mit Geld und Finanzen zu tun hat. Das lässt unser ökonomisches System zwar vergleichsweise behäbig erscheinen, bewahrt es aber vor hektischen Ausschlägen. So hat unsere Gesellschaft beispielsweise nie eine wie auch immer geartete Wirtschaftskrise erlebt. In jedem einzelnen Fall hat man sich etwa mit dem Umgraben eines nicht allzu kleinen Gartenstückes oder mit dem Bereitstellen eines Topfes mit Erbsen- oder Kartoffelsuppe wieder in die ökonomische Normalität hinein retten können.

Ich sagte bereits, dass wir gelegentlich einige Palmbäume, regelmäßig jedoch ganze Packungen mit Palmbaumsamen in Ihre Länder exportieren. Aber auch das geschieht nicht gegen Geldwert. Wir lassen uns als Gegenleistung vielmehr einige Ladungen guter Gartenerde senden. An der nämlich fehlt es leider in unserer überaus steinigen Gegend. Sie werden unser Wirtschaftssystem für gänzlich unzeitgemäß halten, mein Herr. Aber gerade das ist sein Vorzug. Bilden wir uns doch als Gesellschaft hinter den Tunneln einiges darauf ein, auf allen Gebieten recht unzeitgemäß zu sein. Vor allem darin aber scheint unsere Stärke zu liegen. Unsere unverrückbare Stärke. Damit aber habe ich das mir verordnete Beratungsprogramm bis zum letzten I-Tüpfelchen abgehandelt. Ich darf mich von Ihnen verabschieden. Vielen Dank für Ihre Aufmerksamkeit!

Doch halt! Eines sollte ich Ihnen doch noch sagen. Man hat Sie hierzulande nie für einen Spion gehalten. Deshalb hat man auch darauf verzichtet, sie ungebührlich spürbar auszuhorchen. Indirekt allerdings hat man darauf nicht immer ganz verzichten können. Ob Sie das aber überhaupt je bemerkt haben?"

„Ich habe es bemerkt aber nie als unangenehm empfunden. Auf der für mich normaleren Seite der Erde ist man weit Aufdringlicheres gewohnt."

„Ich danke Ihnen für Ihre Aufrichtigkeit", sagte der Begleiter, „auf Wiedersehen!" und zog sich diskret zurück.

Hackloh aber erinnerte sich an sein Vorhaben, eine Frageliste anzulegen, die alle jene Probleme betraf, die er auch nach den umfassenden Lehrvorträgen noch als relativ unbeantwortet empfinden musste. Die würde er dann der oberen Behörde einreichen in der Hoffnung auf Beantwortung. Allerdings war diese Hoffnung bei ihm nur schwach entwickelt. Aber man kann ja nie wissen. Über politische und vor allem auch gesellschaftliche Grundprobleme mochte er nun einigermaßen zureichend informiert sein. Gänzlich schleierhaft waren ihm jedoch die Verbindungslinien zwischen den einzelnen Problemkomplexen geblieben. Wie etwa griff das eine ins andere? Griff hier überhaupt irgendein Eines in irgendein Anderes? Er hatte da so seine Zweifel, war jedoch sicher, dass auch die Bewohner dieser seltsamen Weltgegend ihre Zweifel hatten, es sei denn sie ließen sich durch meditative Binnenbetrachtung, durch ein ebenso meditatives Vordringen in die Transzendenz oder durch geschickte Bauch- oder Nasenverwendung so gut wie im Zaum halten. Hackloh machte sich denn auch, sobald er in seinem Gasthof eingetroffen war, an die Aufstellung dieser Liste. Das machte ihm ein geradezu grimmiges Vergnügen. In ihm schien der lange Zeit verborgene Wissenschaftler wieder zum Vorschein zu kommen. Leider aber ohne jegliche Außenwirkung. Sollte Hackloh doch seine sorgfältig ausgearbeitete Frageliste nicht mehr absenden können. Seine Zeit hinter dem Tunnel stand nämlich vor ihrem abrupten Ende. Das aber wusste er noch nicht.

Es ist nur allzu verständlich, dass Hackloh sich in der folgenden Woche immer dann, wenn gerade mal keine Inspektion anstand, auf jener weißen Bank im Stadtpark vorfand, auf der er am ersten Tag nach seiner Ankunft gesessen hatte, unmittelbar vor dem Sandkasten und den Kinderschäufelchen, Eimerchen und kleinen Spaten. War er doch damals am Ende seiner Kräfte gewesen, hungrig, mit Dreitagebart ausgestattet, vor allem aber durstig und auf der Suche nach einem Bett. Mittlerweile ging es ihm zweifellos besser, wenngleich er sich immer wieder dabei ertappte, dass ihm die Gesellschaft hinter dem Tunnel doch ganz außergewöhnlich fremd vorkam, nicht nur fremd, sondern vor allem auch altmodisch und in mannigfacher Hinsicht starr.

An einem Nachmittag gegen Abend musste er aber mit Verwunderung feststellen, dass die normalerweise unbesetzte Bank von einem weiblichen Wesen besetzt war, einer ungewöhnlich schönen jungen, ja sehr jungen Frau, die in Mitleid erregender Weise vor sich hin und in ihr Taschentuch schluchzte. So etwas kommt zweifellos vor, nicht nur hinter dem Tunnel, sondern vermutlich noch weit häufiger auf dessen anderer, der eigentlich richtigen Seite.

Nun gehörte Hackloh jedoch leider zu jenen nicht ganz wenigen Männern, die laut vor sich hin schluchzenden Frauen, wenn sie denn ausreichend schön, zumindest aber hübsch waren, nicht widerstehen konnte. In diesen Fällen konnte er nicht verhindern, dass sich in ihm das Hilfssyndrom meldete. Schon in seiner frühen Jünglingszeit hatte er das an sich festgestellt. Nie hatte er versucht, ihm zu entgehen, ermöglichte es ihm doch gelegentlich höchst faszinierende Erfahrungen. Ob auch in diesem wahrhaftig extremen Fall einer extrem heftig schluchzenden und dabei auch noch extrem schönen jungen Frau, eigentlich eher eines noch nicht ganz erwachsenen Mädchens derartige Erfahrungen für ihn zu erwarten standen? Er spürte, wie seine Herzmuskeln bebten. Seine Knie wurden weich und seine Hände zitterten. Was ihn betraf, so war er jedenfalls zu so ziemlich allem bereit. Als eine Schluchzpause eintrat und das Mädchen sich zur Abwechslung einmal kräftig schnäuzte, fragte er mit der in derartigen Situationen von ihm erfolgreich, meistens auch folgenreich gepflegten, nahezu flötenden Stimme:

„Was ist denn mit Ihnen los, schöne Frau? Kann ich Ihnen irgendwie helfen?"

„Was mit mir los ist", antwortete das Mädchen in der ihm mittlerweile gewohnten Trans-Tunnel-Ehrlichkeit, „ich soll einen jungen Mann heiraten, den ich nicht heiraten will. Ich will ihm aber auch nicht weh tun, denn ich mag ihn ganz gerne. Nur so richtig lieben tue ich ihn nicht. Mag sein, dass es daran liegt, dass ich ihn schon seit unserer gemeinsamen Sandkastenzeit kenne."

,Ach so, deshalb also hat sie ihre Trauerorgie ausgerechnet auf die Bank vor dem Sandkasten verlegt', dachte sich Hackloh. Hörbar laut aber sagte er dann etwa dies:

„Ich kann Sie nur allzu gut verstehen, habe derartiges selber auch schon erlebt, sogar gleich mehrfach (das zu sagen, war in der gegebenen Lage vermutlich nicht allzu taktvoll). Aber schließlich haben Sie doch selber darüber zu befinden, was für Sie richtig ist und was Sie nun tun sollen."

„Wenn nur die beiden Elternpaare nicht wären. Die wollten ja immer schon, dass wir eines Tages heirateten. Schon im Sandkasten haben die uns immer zusammen zu bringen versucht. Meistens sogar mit Erfolg."

„Jetzt aber scheinen sie erfolglos zu sein. Im Augenblick wenigstens. Aber was nicht ist, kann ja noch werden."

Ob diese Hacklohsche Bemerkung taktvoll war, mag bezweifelt werden. Immerhin aber durfte Hackloh davon ausgehen, dass er sich auf Grund eines kürzlich noch genossenen Lehrvortrages über Ehevermittlungsmethoden im Land jenseits des Tunnels als einen Fachmann für derartige Problemlagen betrachten durfte. Wenn man seine eigenen Erfahrungen noch hinzunimmt, musste er eigentlich selbst gegenüber den allerschwierigsten weiblichen Katastrophen gewappnet sein. Er machte deshalb einen neuen Anlauf, indem er sagte:

„Sagen Sie mir bitte, wie ich Ihnen helfen kann. Ich tue dann alles für Sie, was ich nur tun kann." Die Antwort des Mädchens war verblüffend und wohl auch nur jenseits des Tunnels in ihrer schrankenlosen Offenheit möglich. Sie lautete:

„Dann tun Sie es doch!"

„Hier und jetzt?"

„Wo denn sonst?"

„Und wie?"

„Ach, das wissen Sie doch."

Was darauf folgte, braucht nicht beschrieben zu werden. Jedenfalls führte es dazu, dass sich die Beiden eine Woche lang allabendlich auf der weißen Bank vor, aber auch in dem Sandkasten trafen und nicht nur das. Man fragt sich allerdings, ob ein solches Verhalten auf die Dauer gut gehen kann, und das auch noch in jener altmodischen Gesellschaft hinter dem Tunnel. Zu fragen braucht man heute nicht mehr. Es ging nämlich tatsächlich nicht gut.

Ausgerechnet an dem Tag, an dem die beiden mittelbar betroffenen Elternpaare dem Mädchen ein Ultimatum stellten, überbrachte man Hackloh ein Schreiben der obersten Leitung des Landes, in dem er aufgefordert wurde, binnen vierundzwanzig Stunden wieder hinter den Tunnel zurückzukehren. Als Grund für die Ausweisung gab man an: „Erregung öffentlichen Ärgernisses und Beschädigung eines landeseigenen Sandkastens."

‚Das kann man zur Not sogar verstehen', sagte sich Hackloh. ‚Vor allem dann ist es verständlich, wenn man die altmodischen Verhaltensweisen und Ordnungen dieser seltsamen Weltgegend in Rechnung stellt. Das Mädchen tut mir zwar Leid. Genau genommen, tue ich aber vor allem mir selber Leid, liebe ich diese entzückende Kindfrau doch wirklich. Ich werde sie gewiss vermissen. Eine Zeit lang', fügte er hinzu.

Immerhin hatte man ihm noch vierundzwanzig Aufenthaltsstunden gewährt. Man konnte es also so einrichten, dass man sich noch einmal auf der weißen Parkbank gegenüber dem Sandkasten traf, diesmal bei Tageslicht und in dem sicheren Gefühl, dass man unter Überwachung stehe. Die junge Frau hatte verweinte Augen. Ihr Gesicht war stark angeschwollen. Gar so schön sah sie also im Augenblick nicht mehr aus. Ob das die Trennung erleichterte? Vorläufig sah es nicht danach aus, bat die junge Frau doch unter erheblichem Emotionsaufwand darum, von ihrem ältlichen Liebhaber mit in die Welt hinter dem Tunnel, die richtige Welt also, genommen zu werden. Dem wurde mulmig zumute.

„Ich kann mir beim besten Willen nicht vorstellen, wie du mit der Welt jenseits des Tunnels, mit meiner Welt also, zurecht kommen willst. Dort ist alles anders, vor allem viel schneller, viel unbedenklicher, viel freier, viel moderner, viel kurzfristiger angelegt. Vor allem aber herrscht dort das Geld. Du hättest dich dort an den ödesten, den schnödesten Mammonismus zu gewöhnen. Daran aber würdest du gewiss zerbrechen. Das aber kann ich nicht dulden. Denn ich liebe dich doch."

„Ob du mir nicht etwas mehr an Anpassungsfähigkeit zutrauen solltest?"

„Ich fürchte, du weisst nicht, wovon du da sprichst. Aber wie solltest du das auch wissen? Ich mache dir keine Vorwürfe. So mache mir bitte auch keine!"

„Als ob ich dir irgendwelche Vorwürfe gemacht hätte. Gebeten habe ich dich und – was mir nicht ganz leicht gefallen ist – Anpassungswilligkeit habe ich gelobt. Kann ich eigentlich mehr für dich tun?"

„Selbstverständlich kannst du das. Ich will dir auch sagen wie. Du sollst mich weiterhin lieben und – du sollst mir möglich machen, dich weiter zu lieben, auf ewig sogar. Du wirst mich vermutlich für verrückt halten, wenn ich dir sage, wie du beides erreichen kannst. Aber ich bin alles andere als verrückt und spreche aus bitterer Erfahrung. Mag immerhin sein, dass die Welt, aus der ich stamme, die Welt jenseits des Tunnels, reichlich verrückt ist. Nein, sie ist es mit Sicherheit. Was zur Folge hat, dass Liebesverhältnisse, vor allem auch dann, wenn sie in Eheschließungen eingemündet sind, schon nach wenigen Jahren zerbrechen. Wer klug und einschlägig erfahren genug ist, wird also um nahezu jeden Preis vermeiden, ausgerechnet jenen Partner zu heiraten, zu dem er in Liebe entbrannt ist. Er wird vielmehr die Vernunft sprechen lassen. Bleibt doch für die sozusagen brennende Liebe dann immer noch Platz, etwa auf Parkbänken oder in Sandkästen. Die Bänke aber pflegen jenseits des Tunnels nicht weiß, sondern knallbunt zu sein. Indem sie mittels ihrer Farbe die Leidenschaften anstacheln, drehen sie ihnen auf die Dauer den Hals um. Ich halte das für keine gar so schlechte Einrichtung. Du aber wärest mit Sicherheit überfordert, bist du doch an normale Verhältnisse gewöhnt, an weiße Parkbankverhältnisse sozusagen."

„Vielleicht bin ich aber doch weit flexibler als du denkst."

„Das bezweifle ich nicht. Trotzdem aber nicht flexibel genug für die andere Welt, aus der stamme. Sieh mich an!"

„Das tue ich doch schon die ganze Zeit", war die schnippisch hingeworfene Antwort. 'Das Mädchen scheint sich der Realität allmählich anzupassen', murmelte Hackloh in sich hinein. Es ist also wohl an der Zeit, dass ich es auf unsere gemeinsame Zukunft vorbereite, auf eine Zukunft, in der wir uns hoffentlich auch weiterhin lieben werden, unsere Liebe aber gerade deshalb über die Jahre durchhalten können, weil wir räumlich voneinander getrennt sind und uns folglich nicht tagein, tagaus auf der Pelle sitzen. Er begann also, nun seinerseits mit einem Lehrvortrag über den wahren Charakter der Liebe. Dabei aber fiel er verräterischerweise in den Rede-Duktus seines ehemaligen offiziellen Beraters. Was er vortrug, nicht ohne gehöriges Pathos, war ungefähr dies:

„Glaube mir, meine Liebe, dass ich aus reicher Erfahrung spreche, aus Erfahrung mit mir selber, aber nicht zuletzt auch mit vielen meiner Freunde und Freundinnen. (Ob man es als klug bezeichnen kann, dass er seine vielen Freundinnen hier ausdrücklich erwähnt?) Wer mit ganzem Herzen, mit ganzer Seele, aber auch mit ganzem Körper so heiß geliebt hat wie wir uns im Augenblick lieben, kann die Abschwächung seiner Leidenschaft, die bekanntlich nahezu naturgesetzlich ist, nur dadurch vermeiden, dass er dafür sorgt, dass zur rechten Zeit ein räumlicher Abstand zu einander hergestellt und auch durchgehalten wird. Nur so nämlich lässt sich der naturgegebene Abnutzungseffekt zuverlässig umgehen. Die Liebe bleibt auf diese Weise unversehrt und unveränderbar, sozusagen ewig, allerdings nur die seelische Liebe. (Ist seine seelische Liebe bisher immer unversehrt geblieben? Über wie viele unversehrte Seelenlieben müsste er dann wohl verfügen?) Auf die körperliche Seite der Sache muss man dann zwar verzichten. Sieh mich an! Ich bin ein alter Mann, bin auch seit gestern Abend, als ich den Ausweisungsbefehl bekam, bereit, mich als ein solcher anzunehmen. Eine so junge und aufreizend schöne Frau wie du würde mich folglich auf die Dauer mit Sicherheit zugrunde richten, gerade auch körperlich Habe ich doch allein in den vergangenen Wochen mehr als fünf Kilo abgenommen. Was bei meiner Magerkeit allerhand besagen will." Das war wenigstens ehrlich.

„Du solltest dich auf die Dauer nicht an einen alten Mann binden, der dein Vater, wenn nicht gar dein Großvater sein könnte. Was wir beide in den letzten Tagen miteinander erlebt haben, geht mit Sicherheit nicht verloren. Es bleibt in unserer beiderseitigen Erinnerung sicher aufbewahrt. Zu dieser Erinnerung gehört aber auch der wichtigste Teil der menschlichen Liebe, nämlich der seelische. (Hat er das alles nicht schon einmal gesagt? Zugegeben: doppelt genäht hält besser) Ich verspreche dir hiermit, dich nicht zu vergessen, wenn ich wieder auf der mir vertrauteren Seite des Tunnels wohne. Jeden Morgen, den Gott geschaffen hat, werde ich inbrünstig an Dich denken. Ich werde dann wissen, dass auch du an mich denkst. Unsere liebenden Gedanken treffen sich jeden Tag und auch jede Nacht irgendwo. Absolut zuverlässig tun sie das, hoffentlich nicht ausgerechnet in der Mitte des dunklen Tunnels. Der allerdings würde, wenn sich unsere Liebesgedanken letztlich doch dort treffen sollten, durch dieses Zusammentreffen auf magische Weise bengalisch erhellt. Du solltest wahrhaftig auf mich hören und dem Rat eines erfahrenen, dir wohl gesonnenen und dich inständig liebenden alten Mannes folgen. Dieser Rat aber lautet: Heirate den jungen Mann, den du zwar heute noch nicht lieben kannst, den du aber gern magst und dessen menschliche Qualitäten du kennst. Füge dich diesmal dem Vorschlag deiner und seiner Eltern und den Traditionen der Gesellschaft, in die man dich hineingeboren hat. Halte dir und mir dabei in Gedanken die Treue, auf dass die Liebe unserer beiden Seelen ewig bestehen bleibe, das heißt, so lange ich noch zu leben habe. So arg lange wird das gewiss nicht mehr sein."

„Davon solltest du lieber nicht sprechen", warf das Mädchen ein. Und das war es auch schon.

‚Sie scheint begriffen zu haben, was ich ihr gesagt habe. Es sieht auch nicht so aus, als ob sie gleich wieder in Tränen ausbrechen wollte. Ich werde also, insoweit es dieses Liebesverhältnis betrifft, voraussichtlich in Ruhe und mit vergleichsweise gutem Gewissen meine Fahrt durch den Tunnel zurück in meine Heimat antreten können. Was dann folgt, sehen wir später. Doch ganz vergessen werde ich diese entzückende junge Frau mit Sicherheit nicht'. Dann musste man sich trennen, denn es fing an, dunkel zu werden. Die junge Frau hatte an den Restbestand ihres guten Leumunds zu denken und verabschiedete sich ohne allzu heftige Gemütsbewegungen.

Der nächste Morgen sah sie auf dem Bahnsteig stehen und mit einem Taschentuch winken, als der Zug mit dem ehemaligen Professor Hackloh die Bahnhofshalle verließ. Am Vortag war das Taschentuch noch tränennass gewesen. Nun war es nahezu trocken. Hackloh blickte so lange es eben ging aus dem Fenster und sah die faszinierende Gestalt der jungen Frau kleiner und kleiner werden. Dann, als von ihr gar nichts mehr zu sehen war, schloss er das Wagenfenster, lehnte sich beruhigt in sein Erster Klasse – Polster zurück, nahm sein Buch zur Hand und begann zu lesen. Wieder einmal handelte es sich um sein *magnum opus*, über dessen hohe Qualität er sich, wie auch schon auf der Hinfahrt, kaum beruhigen konnte. Sollten die vielen Ehrendoktorhüte, die auf ihn herabgerieselt waren, etwa doch ihre Berechtigung gehabt haben? Einige Textstellen ließen ihn nun zart erröten. Sollte er etwa in jenen Tagen hinter dem Tunnel um einige Grade weiser geworden sein? Aber dieses reichlich unangenehme Gefühl verflüchtigte sich in dem Maße, in dem er sich seiner eigentlichen, der richtigen Welt wieder näherte. Die Reise dauerte insgesamt etwa drei Tage. Einige Teile seines Buches hatte Hachloh also mindestens zweimal lesen können. Sein Zweitagebart war zu einem Fünftagebart geworden mit der Folge, das es ihm gelang, gänzlich unbekannt seine Wohnung zu erreichen, nachdem er noch im Bahnhof zwei Eier, eine Packung Butter, einen halben Brotlaib, etwas Aufschnitt und drei Flaschen Bier erstanden hatte. Vor dem Bahnhof und auf dem Weg in seine Wohnung hatte er sich endlich wieder an den knalligen Farben erfreuen dürfen, die offenbar zur richtigen Seite des Tunnels gehören, auch an den Alkohol- und Drogen-Halbleichen, die in Hauseingängen herumlagen. Von lustigen Zeitschriftenständen herab grüßten ihn freundlich jene Film-, Sport-, Medien- und Popkulturgrößen, die bekanntlich die Welt bedeuten, mit ihren ehemaligen, jetzigen oder auch nur künftigen Sexualpartnern. Auch einige Politiker waren darunter. Aber was besagt das schon? Sogar das ehemalige Königliche Hoheitsluder, die von den Windsors arg missbrauchte nunmehr mausetote Lady Diana lächelte ihn, auf ungewöhnlich formschönen langen Beinen stehend mit tiefblauem Augenaufschlag an. Neben ihr, nein eher wohl doch unter ihr, Mutter Teresa. Es war nicht zu leugnen: die richtige, seine Welt hatte ihn wieder. Von nun an würde er die richtige Welt wieder in ihrer ganzen Obszönität und in praller Buntheit erleben dürfen.

Zu Hause angekommen, rasierte er sich, aß einige Bissen zu Abend, nahm ein heißes Bad und ging schnurstracks zu Bett. Er soll, wie man sagt, mehr als vierundzwanzig Stunden ununterbrochen geschlafen haben. Jedenfalls erwachte er irgendwann, frisch und erholt. Zwar gönnte er sich noch einen Ruhetag, an dem er aber keinerlei Kontakte zu seiner gewohnten Umgebung aufnahm, hatte er doch durch die Post die Mitteilung erhalten, dass ein weiterer Ehrendoktorhut, irgendwo in Übersee, auf ihn warte. ‚Diesmal bilde ich mir aber keine Verjüngung mehr ein', konnte Hackloh da nur vor sich hin denken. ‚Immerhin darf ich mir stattdessen aber einbilden, dass der Doktorhutsegen nicht ganz ohne wissenschaftliche Gründe über mich herein bricht. Hätte ich die lange Reise ins Land hinter dem Tunnel, vor allem aber die Rückreise nicht unternommen, wäre ich vermutlich nie in Versuchung gefallen, mein altes, von mir so gut wie vergessenes *magnum opus* noch einmal vorzunehmen. Ich hätte mich und meinen wissenschaftlichen Rang also vermutlich nie erkannt.' Nein, gänzlich uneitel war Hackloh nicht.

Am zweiten Tag nach seiner Rückkehr fuhr er noch einmal in die nicht allzu weit entfernte Landeshauptstadt. Er fühlte nämlich das Bedürfnis, die vor mehreren Wochen von ihm aufgesuchte Beratungskapazität noch einmal in Anspruch zu nehmen. Die Begrüßung, die ihm in deren Praxis widerfuhr, war einigermaßen sonderbar, überfiel ihn der Mann doch mit der lapidaren Mitteilung, er habe die Rechnung, die ihm damals aus dem Sekretariat zugegangen sei, bis heute noch nicht bezahlt.

„Das tut mir einerseits leid", konnte Hackloh da nur sagen, „andererseits war es damals auch beim besten Willen nicht zu ändern, bin ich doch fast unmittelbar nach meinem Besuch in Ihrer Praxis verreist. Ihre Rechnung fand ich erst nach meiner Heimkehr vor zwei Tagen vor. Selbstverständlich bezahle ich Sie nachträglich, wenn Sie es wünschen in bar."

„Das hat Zeit. Es ist mir nämlich zu Ohren gekommen, dass Ihre Reise Sie ausgerechnet in jenes uns allen so gut wie unbekannte Land hinter dem Tunnel geführt hat. Dorthin habe auch ich immer einmal fahren wollen. Aber ich muss Ihnen leider gestehen: mir hat dazu bisher der Mut gefehlt. Ob Sie mir einiges von Ihren Erfahrungen mitteilen können?"

„Selbstverständlich und mit dem größten Vergnügen", antwortete Hockloh, „zumal mich so manche meiner Erlebnisse in diesem seltsamen Land doch sehr bedrücken. Wenn ich Sie heute zum zweiten Mal konsultiere, dann nicht zuletzt deshalb, weil ich einige nicht ganz leichte psychische Gewichte loswerden möchte, die mir zu schaffen machen."

„So ähnlich hatte ich mir das schon gedacht. Schließlich besucht mich normalerweise so leicht keiner meiner Patienten zum zweiten Mal. Ganz davon zu schweigen, dass mir so manches über Ihre wagemutige Expedition zu Ohren gekommen ist. Es war von weißen Parkbänken die Rede, von Sandkastenspielen und einer unwiderstehlichen Liebesattacke. Sie verstehen: die Neugier des Publikums heftet sich normalerweise an die banalsten Geschehnisse. Sie werden mir mit Sicherheit andere, weit interessantere Dinge zu berichten haben. Ich bin wirklich gespannt."

„Wer aber könnte Ihnen überhaupt etwas von meinen Erlebnissen berichtet haben? Sind die Grenzen zu jenem seltsamen Land doch nahezu dicht. Kein Mensch auf unserer, also der richtigen Seite der Welt scheint sich doch für diese seltsame Afterwelt zu interessieren. Geht das doch seit mindestens einem Jahrhundert so weit, dass keine diesseitige politische Macht es je für nötig gehalten hat, gegen das Land hinter dem Tunnel auch nur den kleinsten Krieg anzuzetteln.. Ich frage mich wirklich, wie ausgerechnet Sie…"

„Vielleicht hätten Sie sich das ‚ausgerechnet' sparen können. Doch ich verstehe, sind an Ihnen doch einige charakteristische Merkmale der Gesellschaft hinter dem Tunnel ganz offensichtlich haften geblieben, als da sind: Offenheit, Direktheit, Verzicht auf Verbrämung und Heuchelei, aber leider auch auf Anwandlungen gesellschaftlicher Höflichkeit, Verdrängung jeglichen Taktgefühls. Lassen Sie sich aber durch meine ebenfalls nur wenig taktvolle Bemerkung nicht allzu nachhaltig verunsichern. Die Dinge dürften sich wohl, nimmt man sich Zeit, von selber wieder einrenken. So wie ich Sie einschätze, werden Sie schon in ein oder spätestens zwei Monaten wieder ein vollgültiges Glied unserer hiesigen Gesellschaft sein."

„Und meine noch ausstehende Rechnung bezahlen", wollten Sie wohl sagen. „Doch eine Auskunft sind Sie mir, bevor ich die Rechnung begleiche, denn doch schuldig: Woher genau haben Sie Ihre Informationen?"

„Woher ich die habe? Im Grunde weiß ich das selber nicht oder doch bestenfalls ungenau. Nun ja, das mag mit meinem Beruf zusammenhängen, den viele Menschen, vermutlich auch Sie, ohnedies für leicht anrüchig halten. Ersparen Sie mir also bitte eine Auskunft, die Sie ohnehin nicht befriedigen würde. Man hat so seine Kontakte. Das ist aber auch schon alles, was ich Ihnen sage. Sollten Sie aber beabsichtigen, im Laufe der folgenden Monate einen schriftlichen Expeditionsbericht zu verfassen, so empfehle ich mich jetzt schon bei Ihnen als den Empfänger eines der Vorausexemplare. Selbstverständlich bin ich meinerseits dann bereit, die von Ihnen bisher noch nicht beglichene Rechnung zu ignorieren. Was halten Sie, Herr Professor, von dieser zu beiderseitigem Nutzen getroffenen Abmachung?"

„Ich stimme ihr zu. Haben Sie nur bitte zwei oder drei Monate Geduld. Bei mir muss sich nämlich noch so einiges setzen, bevor ich ans Ordnen und dann ans Aufschreiben gehen kann."

„Ich verstehe. Sie haben unter anderen Dingen eine weiße Parkbank, einen Sandkasten mit kindlichem Spielmaterial, vor allem aber eine gewisse junge Frau zu ‚verarbeiten', wie Sie höchst prosaisch zu sagen beliebten. Ich wünsche Ihnen allen nur möglichen Erfolg für Ihre teils Liebes-, teils Trauer-, teils Sandkastenarbeit."

Damit aber war die zweite Konsultation der uns schon bekannten Kapazität zu Ende. Dieses kleine Buch ist es auch.

Es bleibt nur noch eine eigentlich unwichtige Frage zu klären. Sollte das bislang unbekannt gebliebene Individuum, das diesen abenteuerlichen, eher doch wohl auf wunderbare Weise anstößigen Bericht erstattet hat, auf dass Kinderbuchautoren sich seiner nun bedienen können, nicht einer jener vom offiziellen Berater des Professors Hackloh erwähnten Spione gewesen sein? Wir wissen es nicht. Derartiges sollte der Mensch auch nicht wissen wollen. Es verdirbt den Charakter und nützt niemandem, erkennt die normale Welt einem derart Charakterverdorbenen doch noch nicht einmal, sozusagen als Wiedergutmachung, eine längere Lebenszeit zu, geschweige einen Luxusaufenthalt in einer ihrer Rehabilitationskliniken.

Auswahlbibliographie

Helmut Schrey im Gilles & Francke Verlag

BÜCHER

Das verlorene Paradies. Auf dem Wege zu Miltons ,Fit Audience though Few.' Untersuchungen zur Rezeptionsgeschichte und Rezeptionsgegenwart von 'Paradise Lost' (=3, Duisburger Studien. Geistes- und Gesellschaftswissenschaften). XII / 311 S.

Anglistisches Kaleidoskop. Zur Geschichte der Anglistik und des Englischunterrichts in Deutschland.(=6, Duisburger Studien. Geistes- und Gesellschaftswissenschaften, XVI / 293 S.

Englischsprachige Literatur für deutschsprachige Leser. Ansätze einer allgemeinen Lesedidaktik. (=14, Duisburger Studien. Geistes- und Gesellschaftswissenschaften) X / 211 S.

Anverwandlung und Originalität. Komparatistische Studien vor anglistischem Hintergrund. (=17, Duisburger Studien. Geistes- und Gesellschaftswissenschaften). X / 162 S.

Abgesang. Lebens- und Wissenschaftsimpressionen eines alt gewordenen Anglisten und Spät-Bildungsbürgers. Mit Zeichnungen von Martin Goppelsröder. (=20, Duisburger Studien. Geistes- und Gesellschaftswissenschaften). XIV / 404 S.

Akademische Listen, Lasten, Lustbarkeiten. In Literatursäure eingelegte Erfahrungen eines nicht immer ganz seriösen Professors und Gründungsrektors. Mit einem Nachwort von Ulrich Vormbaum „Gedanken zur Autobiografie". VIII / 308 S.

Anglistik in Deutschland. Kritische Streifzüge durch eine allzu selbstbezogene Wissenschaftslandschaft. 134 S.

IM GLEICHEN VERLAG ÜBER DEN AUTOR

Hanno Schilder (Hrsg.), *Hochschulgründung vor Ort.* Dargestellt am Beispiel der Duisburger Universität Gesamthochschule zur Zeit des Gründungsrektors und Anglisten Helmut Schrey. 200 S.

IN ANDEREN VERLAGEN

Anglistik – quo vadis? Plädoyer für einen stärkeren Adressatenbezug. (In: Anglistik in der Blauen Eule, Bd. 22). Verlag Die Blaue Eule. Essen 2000. 149 S.

Waldorfpädagogik. Kritische Beschreibung und Versuch eines Gesprächs, Bad Godesberg: Wissenschaftliches Archiv. 1968, VI/150 S.

Henry Newman / Charles Kingsley / Matthew Arnold. Bewahrung und Erneuerung im viktorianischen Zeitalter. Frankfurt: Diesterweg 1963. 80 S.

Leben im Licht. / Was ich sagen kann. Zur Bekenntnis- und Erkenntnisliteratur der frühen Quäker. In: (1, Hochschulschriften -Wissenschaftliche Grenzgänge). Kastellaun: A. Henn 1978.129 S.

Die Universität Duisburg, Geschichte. Gegenwart. Traditionen. Probleme. Duisburg: Braun 1982, 162 S.

ÜBERSETZUNGEN

Gerald Bullett, *Und dennoch Zuversicht. George Eliot, ihr Leben und Werk.* Köln: Epoche 1948. 280 S.

S.T. Coleridge, *Versuche über die Methode.* (=2, Texte zur Philosophie). St.Augustin: Richarz 1980.105 S. (Übersetzung, Einleitung und Herausgabe)

S.T. Coleridge, *Der alte Seemann.* Ratingen: Henn 1975. 62 S.

Francis Durbridge, *Paul Temple und der Fall Madison.* WDR-Hörspielserie 1955. Als Hörbuch (4 CD) bei Audio/Berlin 2006 (mit Dagmar Nick-Schnorr)

Im Aloys Henn Verlag, Ratingen / Kastellaun,
lieferbar durch den Verlag Gilles & Francke

Didaktik der Englandkunde an Hauptschulen (=2, Beiträge zur Fachdidaktik). 1967. 140 S.

Didaktik des zeitgenössischen englischen Romans (=19, Beiträge zur Fachdidaktik) 1970. 158 S.

Didaktik der politischen Rede in England (=13, Beiträge zur Fachdidaktik). 1972. 168 S.

Grundzüge einer Literaturdidaktik des Englischen (=23, Beiträge zur Fachdidaktik) 1973. 252 S.

Belletristik im Gilles & Francke Verlag

Akademische Seitensprünge. Hexenverbrennung / Nostalgische Experimente. Zwei endzeitliche Forschungsberichte. (Kurzromane) 338 S.

Der arme Rektor. Hochschulreformparodie nach S.T. Coleridge „Der alte Seemann". 62 S. 2. Auflage.

Meine Frau die Ilsebill. Szenen aus einer glücklichen Ehe. Mit dilettantischen Zeichnungen des Verfassers. 70 S.

General Sawatzki und die Utopie. Roman. 283 S.

Frauenmuseum. Erzählung. Mit elf Collagen. 172 S.

Affentanz. Pathetische Rechenschaftslegung. Roman. 265 S.

Mordaffäre Shakespeare. Wissenschafts-Satire-Krimi mit professoralem Anhang und Zeichnungen von Ilse Krahl. 142 S.

Missglückte Entsorgung. Erzählung mit Zeichnungen von Ilse Krahl. 178 S.

Wendemanöver. Roman. 178 S.

Kurzschlüsse. Epigrammatische Lieblosigkeiten. 67 S.

Neue Kurzschlüsse. Epigrammatische Lieblosigkeiten. 67 S.

Nach Adams Fall, Paradise Lost-Anverwandlung. Statt eines schlechten Romans. 201 S.

Meine gesammelten Morde und Wiederbelebungsversuche. Mit dilettantischen Zeichnungen des Verfassers. 80 S.

Ungewöhnliche Lesarten. Roman.

Rechte Hand – Linke Hand. Nicht sehr erbauliche Texte. 228 S.

Vagabundierende Bilder. Aus eines Künstlers Leben und Nachleben. Hans Rilke (1991-1946) Fast ein Familienroman. 163 S.

Peter Schlemihls Erben. Absonderliche Geschichten. 250 S.

Wahnabwicklung. Roman. 183 S.

Rolle rückwärts nach vorn. Biografische Orientierungsversuche. 232 S.

Wer entziffert die Zeichen? Gedichte. 127 S.

Ortszeichen- Zeitzeichen. Gedichte. 120 S.

Inventur. Gedichte. 170 S.

Zuletzt erschienen im Gilles & Francke Verlag:

Akademische Listen, Lasten, Lustbarkeiten. In Literatursäure eingelegte Erfahrungen eines nicht immer ganz seriösen Professors. XV / 308 S.

Peter Schlemihls Erben. Unglaubhafte Geschichten. Mit einigen Gedichten garniert. 329 S.

www.gilles-francke.de

Wahnabwicklung
Roman. 183 S.

Anglistik in Deutschland

Kritische Streifzüge durch
eine allzu selbstbezogene
Wissenschaftslandschaft. 134 S.

www.gilles-francke.de

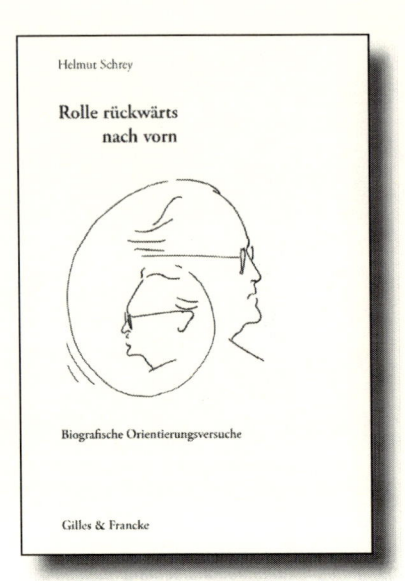

Rolle Rückwärts nach vorn
Biografische Orientierungsversuche.
232 S.